クリエイティブ・アイデアのヒミツとヒケツ

佐藤良仁+鎌倉生光

六耀社

はじめに：「佐藤良仁×鎌倉生光」巻頭対談

佐藤良仁（さとう・よしひと）クリエイティブ デザイナー：1958年、名古屋市生まれ。外資系の制作会社にてアート ディレクター、クリエイティブ ディレクター、代表取締役社長を歴任。現在、公益社団法人日本広告制作協会（OAC）理事 兼 教育支援部会 部会長、（株）1192・面白法人カヤック・（株）ベルズなど数多くのクリエイティブ系企業の顧問を務める。その一方で、大学・専門学校・中学校にてクリエイティブ教育の支援活動を通し、アイデアで問題の発見・解決のできるクリエイティブな人材の育成に積極的に取り組んでいる。編著に、クリエイターを目指す人のための「人の心を動かす三ツ星ポートフォリオの企画『虎の巻』」、「めざせ独立の星。クリエイターの起業『虎の巻』」、広告業界就職読本「クリエイター」2011 / 2012 / 2013版など多数。受賞歴は、日本企業Webグランプリ、International Echo Awards、John Caples International Awards他。

鎌倉生光（かまくら・たかみつ）クリエイティブ ディレクター：1963年、函館市生まれ。武蔵野美術大学基礎デザイン学科卒業後、複数の広告会社を経て1999年よりOgilvy Japanに勤務。2006年、「デザインバーコード」でカンヌライオンズ 国際クリエイティビティ・フェスティバル・チタニウム部門を日本人で初めて受賞。2010年よりメディアの壁を超えたコミュニケーション設計とコア・アイデア開発を得意とする（株）1192（イイクニ）を設立、現在に至る。最新プロジェクトは、47都道府県の“ワースト”をアイデアで改善する日本の底上げ活動「ワーストバスターズ」。その他の受賞歴として、消費者のためになった広告・優秀賞（1996年、メリタジャパン）、Times Asia Pacific Merit賞（2003年、Hallmark）、ECHOアワード銅賞（2003年・2004年、American Express）、日経MJ広告賞・優秀賞（2001年、SATO）他。「アイデアは、電車や車での移動中に出ることが一番多い。」

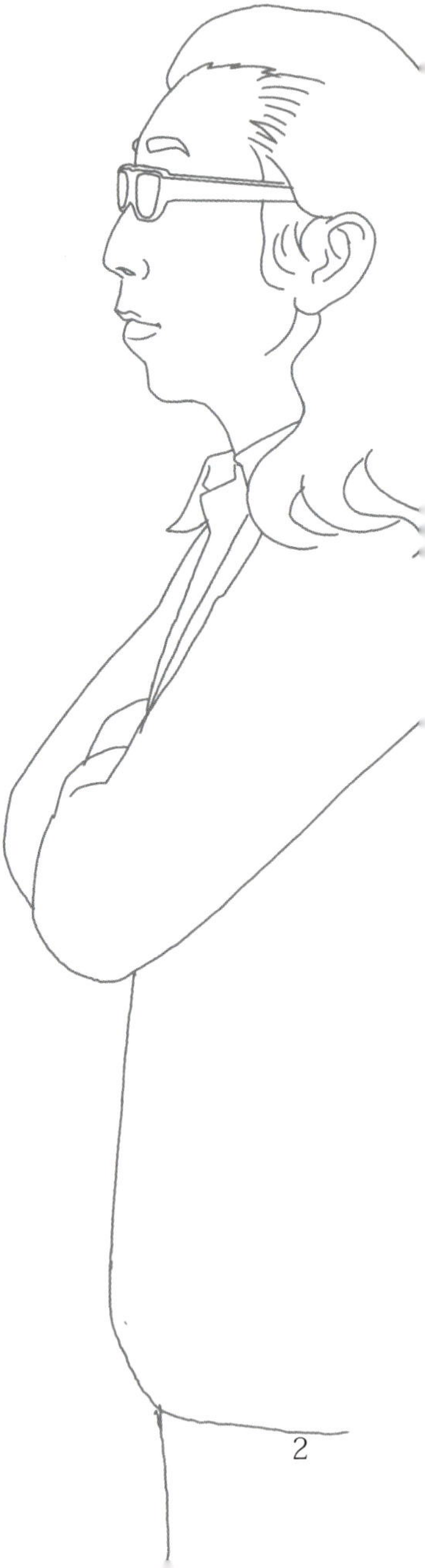

—　この本を作ることにした経緯は？

佐藤　僕はクリエイティブ・ワークの傍ら、専門学校や大学へ講義や講演に行ったり、企業向けのアイデア開発をテーマにしたワークショップで指導する中で、本気で「アイデアは天から降ってくる」と思っている方が非常に多いことに気がつきました。確かにクリエイティブ・ワークにおいて「天から降ってくる」ということも感覚的にあるとは思いますが、それはある一定のトレーニングを積み、ノウハウを蓄えた後の話。訓練をすれば、必ず現状よりもアイデアを出せるようになります。まずそれを伝えたかった。医学を例にたとえると、「体のヒミツ」だったり「病気のヒミツ」を知っているから治療法も見つかるわけです。仕事に関しても、その中味やいろんなことの「ヒミツ」を知っているから、それを解決できる方法が見えてきたりします。そこでアイデアの「ヒミツ」を知ってもらい、その「ヒミツ」からアイデアを生み出す「ヒケツ」へと導く本としてまとめました。

鎌倉　僕の場合、佐藤さんに声をかけられてこの本の著述に加わったという経緯はありますが、自分自身も「アイデア」というものについてずっと考えていたことがあります。「アイデア」を考える局面は、小さなものからビッグアイデアと呼ばれるものまで、必ずと言っていいほど毎日、数多くそれも頻繁に顔を出します。ほとんどの人は意識していないと思いますが、話す内容、作る書類、そのタイトルの付け方など、本業の「売り物」だけでなく数多くのアイデアが重層的に重なって一つの案件を動かしています。それを構成する〝各所のアイデア〟がより質の高いものになって、さらにいろいろな局面で使われるようになったら、各プロジェクトは総合的に完成度を上げることができるはずです。〝各所のアイデア〟を意識的に自分の仕事に取り込めたら、個人やチームの力が上がるだけでなく、日本のクリエイティブ力を少しパワーアップできるかもしれない。そんな思いをこれから社会へ出てアイデアを駆使する人たちに伝えたくて、この本の著述に参加しました。

―　この本では、クリエイティブの実戦でそのまま活かせるノウハウが紹介されているのでしょうか？

鎌倉　本書は、「基礎編」に始まり、「企画編」「コピー編」「ビジュアル編」「デザイン編」という5つの章に分けて知識や情報、ノウハウをまとめています。「基礎編」「ビジュアル編」「デザイン編」を佐藤さんが担当して、僕は「企画編」「コピー編」を担当することになりました。2人で話して、かなり実戦的にまとめたつもりです。全ページを読んだとしても、生活やアイデアを出す場面で使わなければ、宝の持ち腐れになってしまう本と言えるかもしれません。何かを身につけようと思ったときに、能動的に関わるか、受動的に関わるかで結果は大きく変わってしまいます。今の時代は、ネットがあるからおそらく昔の人の１００倍くらいの情報量を持っているはずなんですね。アイデアが出ないとしたら、それらの情報を有効に活用する脳の訓練ができてないということじゃないかと思っています。モノの価値って何でもそうだと思うんですけれど、情報も同じです。大量な情報がいつでも手に入ると、丁寧に扱わない。そうなると、活用できる「記憶」として残らないんですね。昔は情報がないから能動的に師匠から盗むしかなかった。師匠の方も偉いもので、教えなかったですよね。まさに実戦で身につけるやり方をしていたわけです。ぜひこの本も実戦的に使ってほしいと考えています。

佐藤　そう、実戦的に使ってこそ、この本の意味があると思います。よく小学校や中学校では予習や復習すれば成績が上がったりしますよね。ところが、いま大学へ行ったり、社会人になった後は予習や復習をしない。予習と復習の特徴は、能動的な行為です。授業はどちらかというと受動的な知識のつけ方。予習と復習は能動的な知識のつけ方。つまり自分から取りにいくから、確実に身につくのだと思うんです。昔の人が「仕事の仕方は盗め」と言ったのは、受け身でなく能動的にならないと仕事が身につかないのをよく知っていたからだと思います。自分から「ヒミツ」を探りにいく。その「ヒミツ」をどうしたら活用できるかを自分から考えることが非常に重要だと思います。最近の風潮として、先生は親切にいろいろなことを教えてくれますが、教えれば教えるほど実はその人間ってクリエイティブじゃなくなっていく。この本を作るときに気をつけなければいけないと思ったのは、実はそこなんですね。「方法は教えるけれど、やるのは自分」という実戦的な本にしたいと思いました。勝海舟が1年がかりで58巻もある日蘭辞書を筆写したように、昔の人ってまず自分たちで辞書を作って喋れるようになろうとしたわけですよ。ところが、今の人たちはすでに手元に辞書がある。英会話学校へ行けば教えてくれる。ということは、彼らに対してものすごく時間の短縮がなされているわけです。つまり、世の中が便利になったり、親切になったりしたわけですから、時間を上手に使えばもっともっといろいろなことができ、いろいろなアイデアも生み出せるはずです。我々の時代は、デザインさせてもらえるまで2年かかったわけじゃないですか。今はすぐデザインさせてもらえるし、ものすごく時間の余裕ができているわけですよね。人生においてその短縮した時間にいったい何をしているのかというと、おそらく何となく過ごす時間になっちゃっていることが多いのでは？それって、もったいないんじゃないかなってつい考えたりします。そんな時間をこの本で紹介した方法を実践する時間に当ててもらい、ビッグアイデアに挑戦してほしいと思います。

― 執筆している中で、新たに沸きあがってきた思いなどがあれば教えてください。

鎌倉　僕も佐藤さんも企業の販促活動のお手伝いから、クリエイティブの世界に足を踏み入れました。アイデアの訓練も、雑誌広告や新聞広告を作ったりというところから入ってきているので、基本的には広告クリエイティブの視点から開発するアイデアの「ヒケツ」と「ヒミツ」を解説しています。だけど、それは販促活動だけじゃなくて、社会の問題を解決することやより良くするためなど、もっともっと幅広いケースで使えるはずなんですよね。そこも伝えたいなって、自分で書いていて思いましたね。

佐藤　僕も同じようなことを考えました。以前、「クリエイティブな人って誰？」っていうアンケートを見たことがあります。回答は、1位が発明家。2位が広告クリエイターだったと記憶しています。確かに広告のクリエイターとは、いろいろな条件のもと、あるいはいろいろと複雑な環境の中でアイデアを出さなければいけないということで、世間の人から見ると「面白いアイデアを出せる人」というふうに定義づけられているのかなと感じました。僕たちの周りを見てみても、広告のクリエイティブに携わっている人たちは、いわゆるアイデアマンが非常に多いような気がします。アイデアを考える目的というのは、鎌倉さんが言うように、社会を良くすることだったり、仕事上の問題を解決することだったり、新規事業を考えることだったり、ご主人が奥さんの機嫌をとることだったり、恋愛を成就させることだったりするわけですが、その解決のノウハウ部分のヒケツは共通点が多いと感じます。僕たち広告クリエイターは、問題を見つけてアイデアで解決することが仕事の基本で、それを企画の立案だったり、コピーライティングだったり、あいはビジュアルやデザインの開発だったり、目に見える形にはしてますけれど。言ってしまえば、我々としては広告クリエイティブで培ったアイデアの開発のノウハウを、ぜひ広告だけに留まらず、別のいろいろな場面で活用していただけたらと思っています。

鎌倉　そうそう、ぜひそうした観点で、この本を読んでほしいですね。

佐藤　それと、僕にはもう一つの思いがあります。日本の今後の国内情勢や国際化、あるいは少子化の問題を考えていくと、クリエイティブな発想で経済を活性化させていくしか将来の経済発展は考えられないんじゃないかと思っています。シンプルな作業に関しては人件費の安い地域にお任せするしかないし、少子化によって国内ではそういった労働者の確保も難しくなるのは確実でしょう。我々が少人数である程度の生活水準を保ちながら、世界の中で生きていくためには、やはりクリエイティブなアイデアで経済や生活を引っ張っていくというのが、必然的な戦略になるのではないかと思います。大袈裟に言えば、「ものづくりのニッポン」から「クリエイティブ大国ニッポン」として、この国が世界に認められる存在になるというのが僕の夢です。グローバル市場の中で「クリエイティブ性の高い企画を求めるなら日本へ」、広告業界でいえば「広告クリエイティブの企画アイデアなら日本へ」といった感じになり、そこで日本経済が復興・発展していけば良いなと考えています。それには、やはりクリエイティブなアイデアをきちんと発信できる人が日本にたくさんいないと実現できません。そのためにも、課題を発見して、想像を超えた形でそれを解決できる人材の育成が必要だと考えています。この「クリエイティブ・アイデアのヒミツとヒケツ」がそうした人たちが育っていくことに役立ってくれればと願って、鎌倉さんとこの本をまとめました。ぜひ活用していただければと思います。

クリエイティブ・アイデアのヒミツとヒケツ　目次

クリエイティブ・アイデアのヒミツとヒケツ：基礎編

アイデアは、思いつくものではなく、創意工夫でつくりあげるもの

天からアイデアが「降りてくる」とか、アイデアを「思いつく」とよく言います。アイデアを出すことに関してのこういった表現が、アイデアを出すことが難しいと感じさせているような気がします。「降りてくる」といっても、本当に天から降りて来るわけはありません。それは、「ファーストキスの味はレモンの味」ということと同じで、実際にはレモンの味はしないのに、その場面での感覚をたとえで表現しているにすぎません。「思いつく」は偶然的なニュアンスも強く、アイデアを出すことを難しくイメージさせます。そうではなく、「思いつく」は「思いにたどりつく」という積極的な意味であると考えるようにして、偶然的なニュアンスでとらえるのはやめましょう。アイデアは、、創意工夫でつくりあげるものと考えてください。アイデアをつくることは「降りて来る＝神がかり」「思いつく＝偶然的」なことではなく、創意工夫の繰り返しによって生まれると考えてください。奇跡的に思えるアイデアもよく観察してみると、結果として創意工夫がなされた成果以外の何物でもないことに気づくはずです。アイデアを出すことは、「思いつく」「降りて来る」的なものではなく、創意工夫でつくりあげることと考えましょう。アイデアを出せるようになるためには、まずそれを認識することから始めます。

アイデアは、練習すれば出せるようになる

ほとんどの人が、無意識に自分の名前や無数の漢字を書くことができます。なぜでしょうか?それは、そこに至るまでに練習して習得した成果と言えます。アイデアを出すことも同じです。特別な素質が必要というよりは、アイデアを出せるようになるために、少し大変ですが練習をする必要があります。練習を続ければ、テレビの大喜利番組のなぞかけ(何々と掛けて、何々と解く、その心は何々)で落語家がポンポンとアイデアを瞬時に出すように、あなたも出せるようになっていくはずです。人によって習得期間に差はありますが、多くの人が自転車を乗る練習をしているうちにある日突然乗れるようになるのと同じで、そんなに意識しないでもアイデアが出るようになっていきます。練習をしなくてもアイデアが出せる人が時々いますが、そういった人は生活の中で自然にそのコツを習得する能力を生まれつき持っている人といって良いでしょう。自転車に初めからすぐ乗れる人が稀にいるのと同じと考えてください。名前をすぐに書けなかったり、自転車にすぐには乗れないように、練習をしないとなかなかアイデアは出ないのが普通です。何事も練習なくては上達なしです。この本では、その練習のツボとコツをまとめてみました。

問題１　見覚えがあるような数字の羅列。これは、いったい何の広告でしょうか？

1	4	1	5	9	2	6	5	3	5	8	9	7	9	3	2	3	8	4	6	2	6	4	3
3	8	3	2	7	9	5	0	2	8	8	4	1	9	7	1	6	9	3	9	9	3	7	5
1	0	5	8	2	0	9	7	4	9	4	4	5	9	2	3	0	7	8	1	6	4	0	6
2	8	6	2	0	8	9	9	8	6	2	8	0	3	4	8	2	5	3	4	2	1	1	7
0	6	7	9	8	2	1	4	8	0	8	6	5	1	3	2	8	2	3	0	6	6	4	7
0	9	3	8	4	4	6	0	9	5	5	0	5	8	2	2	3	1	7	2	5	3	5	9
4	0	8	1	2	8	4	8	1	1	1	7	4	5	0	2	8	4	1	0	2	7	0	1
9	3	8	5	2	1	1	0	5	5	5	9	6	4	4	6	2	2	9	4	8	9	5	4
9	3	0	3	8	1	9	6	4	4	2	8	8	1	0	9	7	5	6	6	5	9	3	3
4	4	6	1	2	8	4	7	5	6	4	8	2	3	3	7	8	6	7	8	3	1	6	5
2	7	1	2	0	1	9	0	9	1	4	5	6	4	8	5	6	6	9	2	3	4	6	0
3	4	8	6	1	0	4	5	4	3	2	6	6	4	8	2	1	3	3	9	3	6	0	7
2	6	0	2	4	9	1	4	1	2	7	3	7	2	4	5	8	7	0	0	6	6	0	6
3	1	5	5	8	8	1	7	4	8	8	1	5	2	0	9	2	0	9	6	2	8	2	9
2	5	4	0	9	1	7	1	5	3	6	4	3	6	7	8	9	2	5	9	0	3	6	0
0	1	1	3	3	0	5	3	0	5	4	8	8	2	0	4	6	6	5	2	1	3	8	4
1	4	6	9	5	1	9	4	1	5	1	1	6	0	9	4	3	3	0	5	7	2	7	0
3	6	5	7	5	9	5	9	1	9	5	3	0	9	2	1	8	6	1	1	7	3	8	1
9	3	2	6	1	1	7	9	3	1	0	5	1	1	8	5	4	8	0	7	4	4	6	2
3	7	9	9	6	2	7	4	9	5	6	7	3	5	1	8	8	5	7	5	2	7	2	4
8	9	1	2	2	7	9	3	8	1	8	3	0	1	1	9	4	9	1	2	9	8	3	3
6	7	3	3	6	2	4	4	0	6	5	6	6	4	3	0	8	6	0	2	1	3	9	4
9	4	6	3	9	5	2	2	4	7	3	7	1	9	0	7	0	2	1	7	9	8	6	0
9	4	3	7	0	2	7	7	0	5	3	9	2	1	7	1	7	6	2	9	3	1	7	6
7	5	2	3	8	4	6	7	4	8	1	8	4	6	7	6	6	9	4	0	5	1	3	2
0	0	0	5	6	8	1	2	7	1	4	5	2	6	3	5	6	0	8	2	7	7	8	5
7	7	1	3	4	2	7	5	7	7	8	9	6	0	9	1	7	3	6	3	7	1	7	8
7	2	1	4	6	8	4	4	0	9	0	1	2	2	4	9	5	3	4	3	0	1	4	6

解答１　円周率の一の位（３）と小数点を隠した出版社のキャンペーン広告です。

ミステリー文庫

答えは→ www.misuteri_bunko

あなたは、この答えを知っている。

1 4 1 5 9 2 6 5 3 5 8 9 7 9 3 2 3 8 4 6 2 6 4 3
3 8 3 2 7 9 5 0 2 8 8 4 1 9 7 1 6 9 3 9 9 3 7 5
1 0 5 8 2 0 9 7 4 9 4 4 5 9 2 3 0 7 8 1 6 4 0 6
2 8 6 2 0 8 9 9 8 6 2 8 0 3 4 8 2 5 3 4 2 1 1 7
0 6 7 9 8 2 1 4 8 0 8 6 5 1 3 2 8 2 3 0 6 6 4 7
0 9 3 8 4 4 6 0 9 5 5 0 5 8 2 2 3 1 7 2 5 3 5 9
4 0 8 1 2 8 4 8 1 1 1 7 4 5 0 2 8 4 1 0 2 7 0 1
9 3 8 5 2 1 1 0 5 5 5 9 6 4 4 6 2 2 9 4 8 9 5 4
9 3 0 3 8 1 9 6 4 4 2 8 8 1 0 9 7 5 6 6 5 9 3 3
4 4 6 1 2 8 4 7 5 6 4 8 2 3 3 7 8 6 7 8 3 1 6 5
2 7 1 2 0 1 9 0 9 1 4 5 6 4 8 5 6 6 9 2 3 4 6 0
3 4 8 6 1 0 4 5 4 3 2 6 6 4 8 2 1 3 3 9 3 6 0 7
2 6 0 2 4 9 1 4 1 2 7 3 7 2 4 5 8 7 0 0 6 6 0 6
3 1 5 5 8 8 1 7 4 8 8 1 5 2 0 9 2 0 9 6 2 8 2 9
2 5 4 0 9 1 7 1 5 3 6 4 3 6 7 8 9 2 5 9 0 3 6 0
0 1 1 3 3 0 5 3 0 5 4 8 8 2 0 4 6 6 5 2 1 3 8 4
1 4 6 9 5 1 9 4 1 5 1 1 6 0 9 4 3 3 0 5 7 2 7 0
3 6 5 7 5 9 5 9 1 9 5 3 0 9 2 1 8 6 1 1 7 3 8 1
9 3 2 6 1 1 7 9 3 1 0 5 1 1 8 5 4 8 0 7 4 4 6 2
3 7 9 9 6 2 7 4 9 5 6 7 3 5 1 8 8 5 7 5 2 7 2 4
8 9 1 2 2 7 9 3 8 1 8 3 0 1 1 9 4 9 1 2 9 8 3 3
6 7 3 3 6 2 4 4 0 6 5 6 6 4 3 0 8 6 0 2 1 3 9 4
9 4 6 3 9 5 2 2 4 7 3 7 1 9 0 7 0 2 1 7 9 8 6 0
9 4 3 7 0 2 7 7 0 5 3 9 2 1 7 1 7 6 2 9 3 1 7 6
7 5 2 3 8 4 6 7 4 8 1 8 4 6 7 6 6 9 4 0 5 1 3 2
0 0 0 5 6 8 1 2 7 1 4 5 2 6 3 5 6 0 8 2 7 7 8 5
7 7 1 3 4 2 7 5 7 7 8 9 6 0 9 1 7 3 6 3 7 1 7 8
7 2 1 4 6 8 4 4 0 9 0 1 2 2 4 9 5 3 4 3 0 1 4 6

問題2　これは、ある広告の素材写真です。何の広告に使われたでしょうか？

解答2　実は、高級冷凍たこ焼きのブランド広告でした。

I miss you.
Takobey

問題3

これも、ある広告の写真素材です。さて、何の広告だと思いますか？

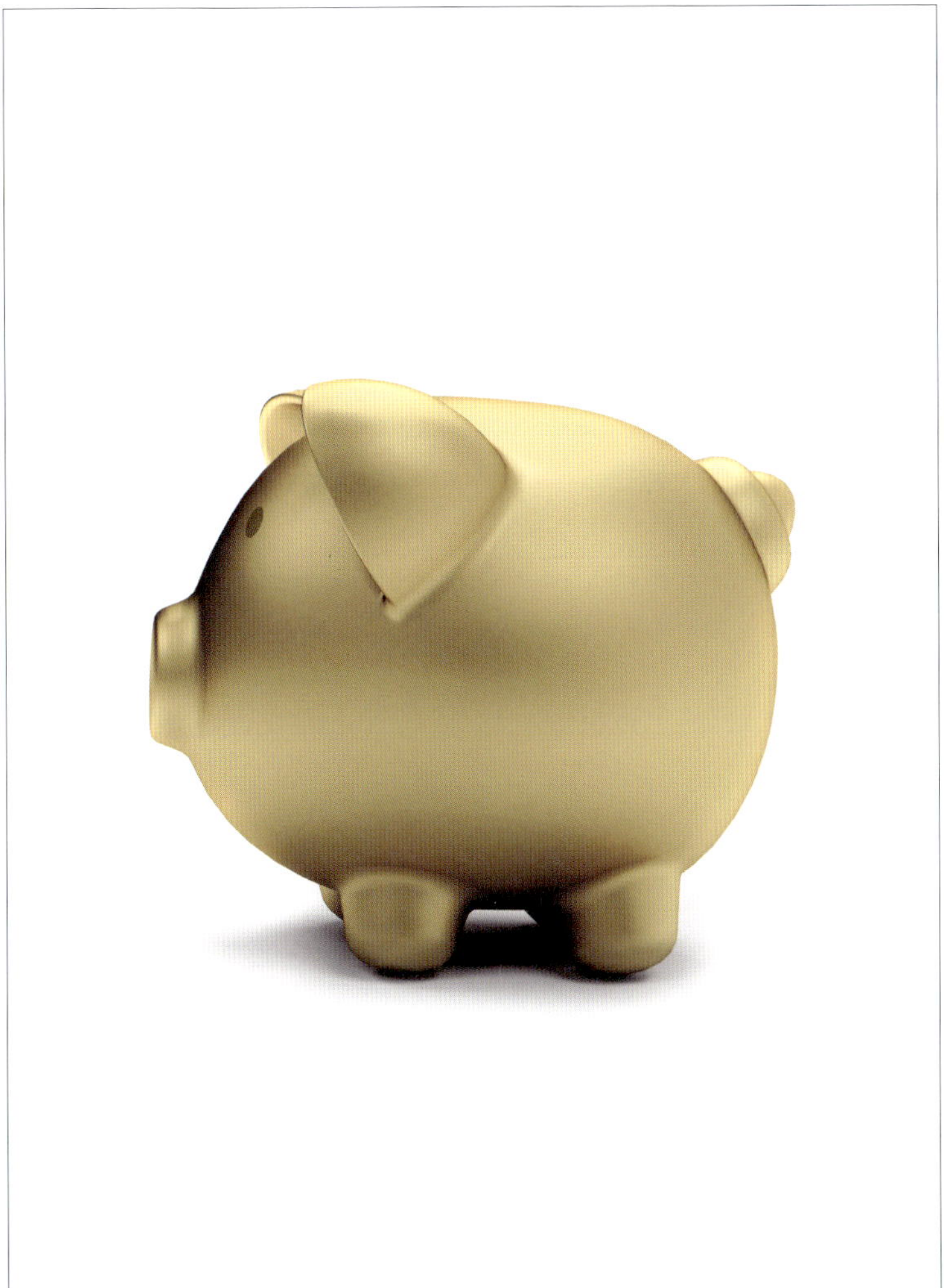

解答3　実は、節電の広告でした

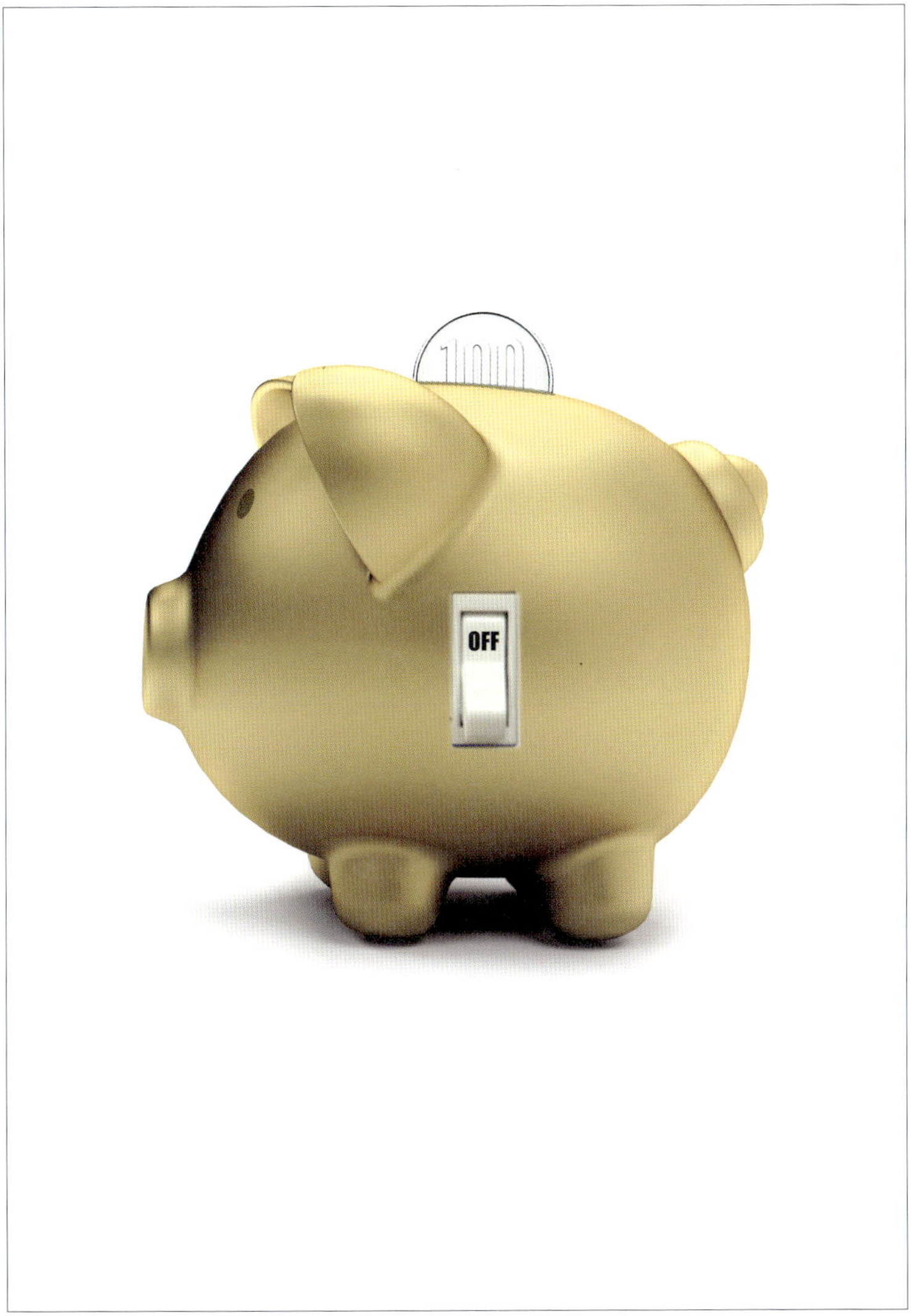
OFF

問題4

数字をモチーフにしたある広告のビジュアルです。何を伝えようとしたのでしょうか？

3.11

解答４　乳がんの早期発見のために、定期検診の必要性を伝えることを狙いました。

アイデアは、情報をつなぐことによってつくられる

どれもひねった問題なので、答えられた人の方が少ないのではないでしょうか。ワークショップなどでこの問題を出すと、問題1は「数字はわかったが何の広告かまではわからなかった」、問題2は「宇宙関係の広告」「昔見た即席ラーメンの広告を思い浮かべた」、問題3は「防災グッズの広告」「震災支援金募集の広告」、問題4は「銀行の広告」「貯金の広告」と答える人が多いです。みなさんも答えを見れば「そういう広告か」とうなづくかもしれません。問題1は、「謎」と「ミステリー文庫」の「謎つながり」です。問題2は、「地球を懐かしむ写真」と「時々食べたくなるたこ焼き」の「心のふるさとつながり」。問題3は、「防げない災害」と「防げる災害」の「災害つながり」ですが、どちらも「災害は悲しい」→「防げる災害なら避けようよ」というアプローチです。問題4は、「節電」と「貯金」の心に共通する「上手に貯めて上手に使うつながり」です。このように、一つの情報が何か他の情報と結びついて新しい表現ができることがわかるはずです。世の中にある広告のアイデアはもちろん、あらゆるアイデアは何かの情報と情報を足したり、引いたり、掛けたり、割ったりしてつくられています。ノーベル賞をとるようなすごい発見も同じだと思ってください。

問題 1 解答

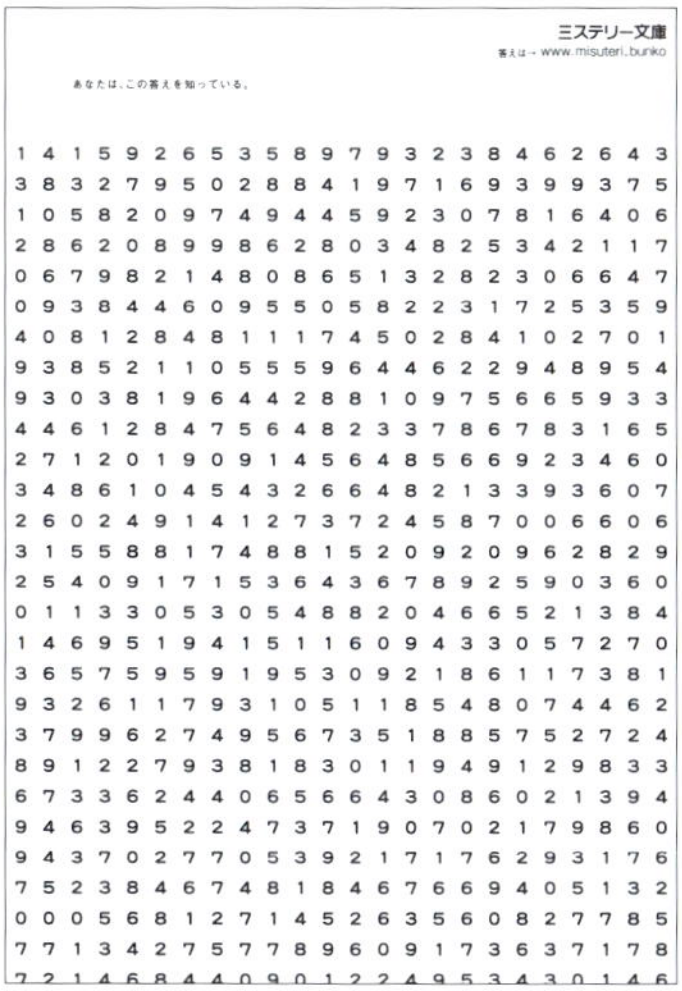

問題 2 解答

問題 3 解答

問題 4 解答

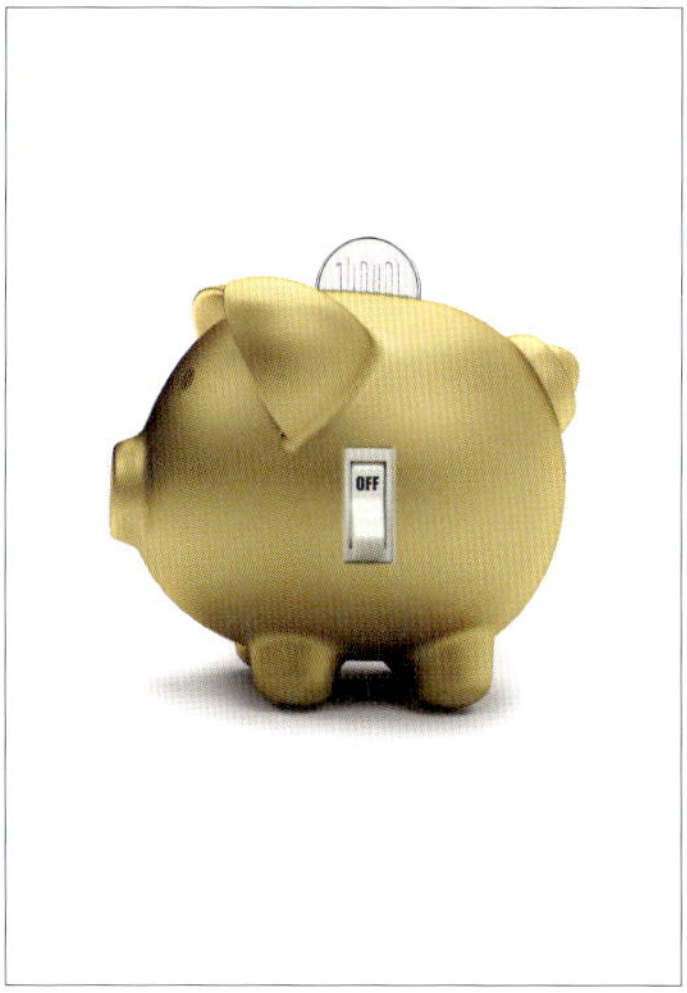

表現アイデアの「記憶」との相関関係

ここで、表現について少し考えてみましょう。表現の基本的な行為として「会話」があります。日本人と外国人の場合は、普段使う言葉が違うので容易にコミュニケーションがとれません。それは当たり前のこと。でも実は、ここが重要なのです。日本人同士が普段使っている日本語で容易にコミュニケーションできるのは、お互いが同じ単語の「意味」を理解できるからです。そして、「意味」とは「記憶」に起因しています。よく外国人には理解できない表現があります。それは文化の違いとも言えますが、見方を変えると、持っている記憶の差とも言えるのです。そして、会話と同じように、表現アイデアも相手の記憶に関連付けることでしかコミュニケーションはできません。逆に言えば、表現する自分の記憶と、その表現を受け止める相手の記憶を意識することは、コミュニケーションやアイデアの開発にとても重要なのです。アイデアは、何かの情報と情報を足したり、引いたり、掛けたり、割ったりしてつくられると前段で書きました。しかし、表現アイデアにおいては、情報というより記憶、しかも自分と相手の記憶を四則演算的につなげていくことが、クリエイティブ探求の道となります。これは、企画、コピー、ビジュアル、デザインのすべてに関連が深い要因なのでよく憶えておきましょう。

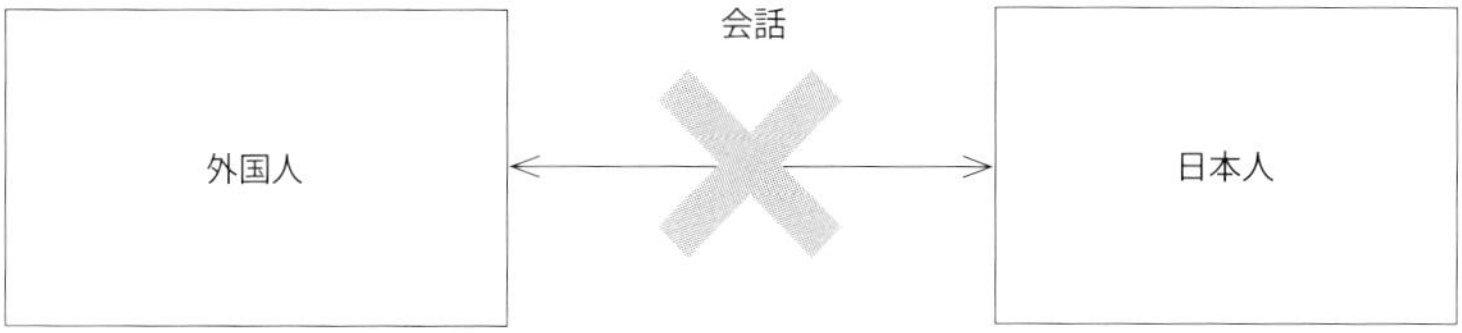

言葉の記憶が違うので、通常は意思の疎通が難しい

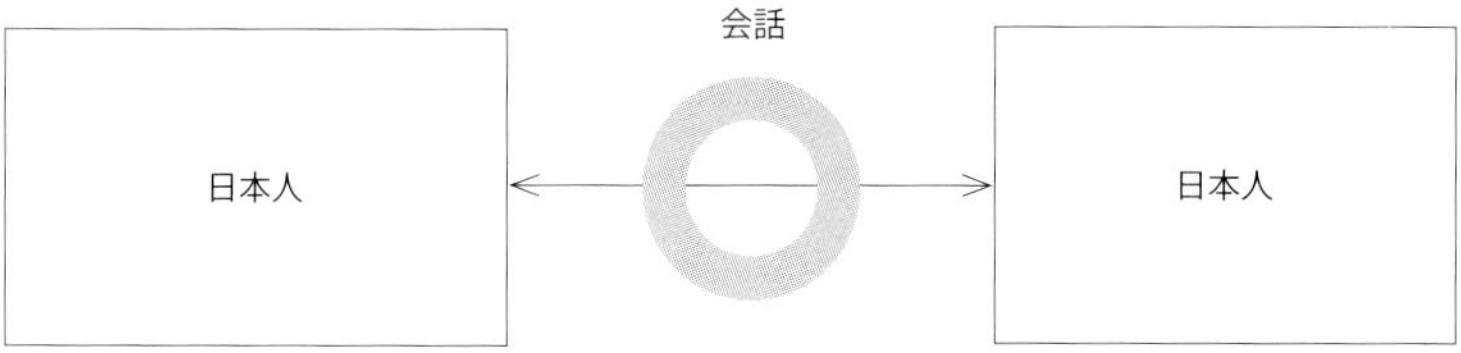

言葉の記憶が同じなので、通常は意思の疎通ができる

記憶・感情が違うと、表現のコミュニケーションは成立しない

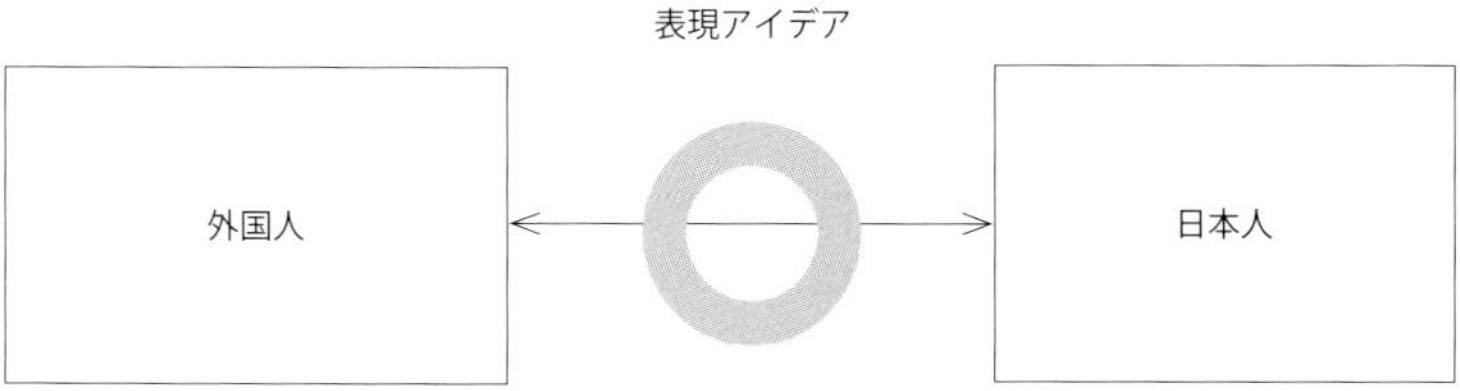

記憶・感情が類似しているからこそ、表現のコミュニケーションは成立する

「生きて成長する記憶」こそアイデアの源泉

情報は、自分が記憶していること以外にも当然たくさんあります。まだ本人は知らないけれど、ウェブで調べればある情報、辞書や事典を調べればある情報です。これは、何もしなければ完全に死んでいる情報にすぎませんが、アイデアを生み出す源泉にはなります。一方、記憶された情報を少し整理してみると、「意味や内容は認知できている、浅い理解の仮死記憶」と、「深い理解や実感を持っている、生きて成長する記憶」の2種類に分けられると思います。後者の「生きて成長する記憶」は、筆者の経験上から言うと、アイデアをつなぐときに非常に活かされます。人を殺した経験がなくても、殺人についてレベルの高い表現をできる人もいます。それは、たとえば過去に飼っていた犬を亡くしたとか、いろいろな書物からの情報や類似した経験に基づく「想像力」=「深い理解や実感を持っている、生きて成長する記憶」によって成し得ることができる例と言って良いでしょう。「意味や内容は認知できている、浅い理解の仮死記憶」では、なかなか複数の記憶の関連性を見つけ出して組み合せたり、つないでつくるアイデア開発は困難と言えます。だから、「生きて成長する記憶」をたくさん持つことがアイデア開発の一歩なのです。

世界中にあるあらゆる情報
（まだ本人の記憶に到達していない死んでいる情報）
「意味や内容は認知できている、浅い理解の仮死記憶」
仮死状態で
アイデアの源泉とならない記憶
生きて成長する
アイデアの源泉となる記憶
「深い理解や実感を持っている、生きて成長する記憶」

「クリエイターの視点」で、「生きて成長する記憶」を手に入れる

「生きて成長する記憶」を手に入れるにはコツがあります。自分から情報に向かって能動的に関わることです。授業で講義を聴くことは、能動的に参加しているように思えますが、聴いているだけでは受動的なので、あまり「生きて成長する記憶」にはなりません。対して、予習や復習は完全な能動的行為であり、「生きて成長する記憶」となります。予習や復習が知識を身につけるコツと言われるのは、能動的な勉強法だからです。昔から「仕事の仕方は先輩から盗め」と言われるのも、「盗む」＝「能動的」で、効率よく習得することが可能だからです。社会の情報化が進み、生活の中には情報が本当にあふれています。問題は、それらの情報が「生きて成長する記憶」として記憶されていないことです。たとえば、映画のある場面で泣いてしまうというのは、誰かの「泣かせよう」という企みによって、まんまと泣かされているわけです。そのとき、「泣かせるヒミツはなんだろ？」と冷静に考えることができれば、今まで受動的に映画を観ていた行為が、映画との能動的な関わりに変わり、「生きて成長する記憶」として強く記憶されます。つまり、受動的に与えられる視点でなく、「能動的な視点」＝「クリエイターの視点」でアプローチすれば、あらゆる場面で「生きて成長する記憶」としてインプットすることができるのです。

受動的記憶 （話を聞く） （教えてもらう）	能動的記憶 （予習・復習） （自分から盗む）
受け身なので、「意味や内容は認知できている、浅い理解の仮死記憶」に	積極的なので、「深い理解や実感を持っている、生きて成長する記憶」に
✕	○
与えられる側の視点で記憶する人	クリエイターの視点で記憶する人
テレビ番組を見て笑う人	テレビ番組を作って笑わせる視点
ポスターを見る人	ポスターを作る視点
映画を鑑賞して泣く人	映画を作って泣かせる視点
ウェブコンテンツを楽しむ人	ウェブコンテンツを作る視点
会社に給料をもらう人	社員に与える視点
商品を使う人	商品を作る視点
商品を買う人	商品を売る視点
新聞から情報を受取る人	情報を発信する視点
雑誌から情報を受取る人	情報を発信する視点

「クリエイターの視点」で生活する、あるクリエイターの半生から学ぶ

情報を身につける機会は、小中高・大学・専門学校で、あるいは仕事、知人や家族と会話しているときなどがありますが、それ以外にもさまざまなシチュエーションが考えられます。たとえば、クリエイターのＳ氏は漫画が大好きで、十歳の頃の漫画の立ち読みから始まり五四歳まで毎日２冊の漫画を読んできました。、映画は十五歳～三九歳は週に１本、四〇歳～五四歳は週２本を鑑賞。新聞は十歳から毎日、雑誌や小説は週１冊読み、テレビは１日９０分のペースで観ていたそうです。４４年間で換算すると、漫画３万２８５０冊・映画２８６０本・新聞１万６４２５部・小説２３４０冊・雑誌２３４０冊・テレビ２万４６３７時間の情報を得る機会を持っていたことになります。彼はそうした機会に能動的な「クリエイターの視点」で、「生きて成長する記憶」として身につけてきました。それゆえに、Ｓ氏は、アイデアを出すのに困っていないそうです。これだけの情報を「生きて成長する記憶」として持っているのなら、Ｓ氏の言い分もうなづけます。誰しも趣味や新聞・雑誌を読む習慣など、多くの情報と接する機会はあるはずです。その際、受動的に何となく過ごすか、能動的な「クリエイターの視点」で過ごすかで、その人がアイデアを出せる人になれるかなれないかの、大きな差が出来てしまいます。

S氏・54歳、「生きて成長する記憶」を身につけたこれまでの機会 一覧

- 小中高、大学、専門学校で
- 毎日の仕事を通して
- 友人、知人、家族との会話
- 街を歩いているとき
- 旅行しているとき
- ペットを育てているとき
- 子どもを育てているとき
- 楽器を演奏しているとき

・漫画を読んでいるとき	45年×2冊×365日	=	32,850冊
・映画を鑑賞しているとき	25年×1本×52週	=	1,300本
	15年×2本×52週	=	1,560本
・新聞を読んでいるとき	45年×1部×365日	=	16,425部
・小説を読んでいるとき	45年×1冊×52週	=	2,340冊
・雑誌を読んでいるとき	45年×1冊×52週	=	2,340冊
・テレビを観ているとき	45年×90分×365日	=	24,637時間

！ これらの機会に「生きて成長する記憶」として身につけていたら、アイデアの種はいっぱいあり、アイデアが出ない方が変に思える。

誰でもS氏のような「生きて成長する記憶」を身につける機会を持っている

問題意識のない「通常の視点」で受動的に記憶 → × → 「仮死状態の記憶」

問題意識を持った「クリエイターの視点」で能動的に記憶 → ○ → 「生きて成長する記憶」

「クリエイターの視点」で暮らし、「アイデア脳」の基礎体力をつくる

アイデアを出せる体＝「アイデア脳」になるためには、準備が必要です。ニュートンは歩いているとき、アルキメデスはお風呂に入っているとき、新しい発見ができました。それは、「クリエイターの視点」を身につけていたからこそと言って良いでしょう。野球やテニスでも上達するためには地道なランニングや素振りが必要なのと同じように、「クリエイターの視点」で常に考えて生活できるようになるためには、すこし大変ですが練習が必要です。「今日一日、何かアイデアの糧となるものを見つけるぞ」と心がけた生活を試みる。街を歩いているときも、仕事をしているときも、遊んでいるときも、恋人と過ごしているときも、何かアイデアの糧となるものはないかと意識したり、観察するという練習を自分に課すと良いでしょう。最初は慣れるまで大変だと思います。人によって差はありますが、しばらくするとその習慣が身につき自然に情報が体に入ってくるようになります。筆者は、デザイン科での授業で、入学してから卒業するまで学生に毎週「街で見つけた面白い広告」を提出させています。そして、だいたい３カ月でその効果が表れることを実感しています。左記に「アイデア脳」の基礎体力を高める、日常にできるアプローチをまとめてみました。ぜひ試してください。

「クリエイターの視点」→「アイデア脳」をつくるアプローチ例

常に能動的に自分から情報に深入りしていく。好奇心旺盛だった子ども時代の「なぜ」「どうして」的なアプローチの習慣化がポイント。

遊んでいるときも、仕事しているときも、恋人と過ごしているときも、街を歩いているときも、常にアイデアのネタを探す。メモなどを取る。毎日の生活の中から何個アイデアの糧を探せるかを意識して挑戦してみる。

●

興味のあるニュースを見たら、その背景をすぐネットなどで調べる。資料としてクリップしておく。他の新聞社や雑誌社の同じ記事と比較して、自分なりの考えを持つ。

●

コンテンツを見て、泣かされたり笑わされたら、その理由やヒミツを必ず探る。DVD 映像等は、音声を消してみたり、目をつぶって音声だけで観てその設計を探るのも面白い。

●

映画館、コンサート、演劇、イベントに行ったら、観客の性別・年齢・タイプ・服装、企画・演出・構成・動線、建物の設計・美術、宣伝物などあらゆることを観察して考える。

●

買い物に行ったら、自分のことより他人が何を買っているか、店の陳列・動線・接客態度等あらゆることを観察して考える。誰が買っているのかわからない商品（あなたが魚肉ソーセージを食べないとしたら、魚肉ソーセージ）に興味を持って調べるのも良い。

量は、良いアイデアを生む糧

ジャック・ホスター著の「アイデアのヒント」によると、「明日までにスイスアーミーナイフの屋外広告を１つ作れ」と、「スイスアーミーナイフの屋外広告を最低１０種類作れ」と2通りのオーダーを試したところ、後者の方がより良いクリエイティブを見つけられたとしています。これは、アイデアを考える際、「良いものを作らなければ」と一点に集中して考えるより、脳を少し拡散して考えた方がたくさんのアイデアを出せることを物語っています。そして最終的にその中から優れたアイデアを見つければ良いわけです。ユニークな企画をすることで有名なクリエイティブディレクターでもある、コピーライターの黒須治氏によると、数十人に「単語の１００連想」（一つの単語から、１００の類語・イメージワードを連想させるトレーニング）に挑戦させると、３０連想くらいまでは各自似た連想単語が出てくるそうです。そこからが勝負というわけです。面白いアイデアや新しいアイデアは、安易に連想できる「記憶」の掛け算では生まれてこないことを物語っています。量は、アイデアの糧となる重要な基本要素です。ただし、「量」には他にもたくさんの意味が隠されています。左下のようなたくさんの意味があることを、しっかり理解してください。

明日までに
スイスアーミーナイフの屋外広告を
1つ作れ

×

収束思考でアイデアが出にくい

スイスアーミーナイフの
屋外広告を
最低10種類作れ

○

拡散思考でアイデアが出やすい

ジャック・ホスター著「アイデアのヒント」より

数十人が「単語の100連想」に挑戦

→

!

30連想くらいまでは
各自似た連想単語が
出てくるので、
ここからが勝負

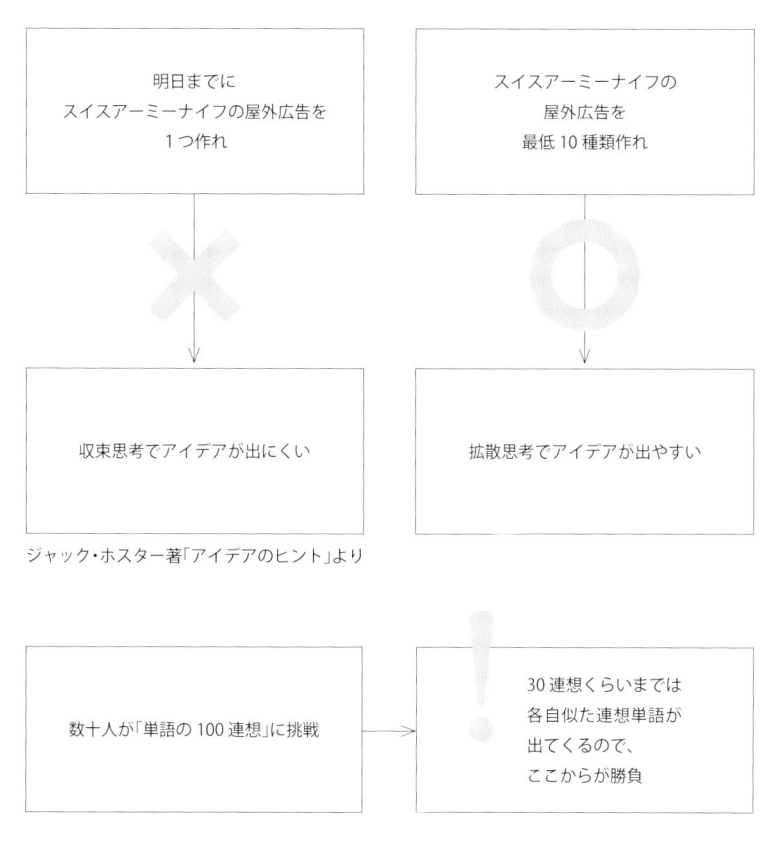

量＝質

「量」には、
たくさんの意味が
隠されている

考えた量からしか、質は生まれない
練習の量からしか、質は生まれない
努力の量からしか、質は生まれない
情報の量からしか、質は生まれない
感動の量からしか、質は生まれない
記憶の量からしか、質は生まれない

アイデアを出すコツは、制限と視覚化

アイデアを出すコツの一つとして、集中して考えるということがとても大切です。脳は集中することによって活動が活発になり、アイデアが出やすい状態になります。アイデアは、記憶と記憶を結んで新しいアイデアをつくりあげる行為なので、脳をフルに活用できる環境に持っていくことが一つのコツです。その代表的な方法が「制限」です。トイレの中や通勤中にアイデアが浮かぶという人がいますが、どちらも無意識の中で「制限時間」を意識し、脳が集中して考えられる環境にあるからでしょう。あるアイデア出しの名人のクリエイターは、広告主に打ち合わせで課題を出されると、いつも脳に入力された課題の情報が熱いうちに、帰りの移動中に集中してアイデアを考えてしまい、帰ってからはそれをまとめるだけだそうです。もう一つは、視覚です。視覚も脳を活性化させる重要な感覚要素です。思いついたことや、関連したことを視覚化することによって連想や発想が広がって「生きて成長する記憶」と「生きて成長する記憶」がスムーズにつながり、アイデアが出やすくなります。概要は左下の「視覚を活用した方法例」で紹介していますが、より詳しい方法についてはこの後の章で解説していますのでそちらを参考にしてください。

制限を活用した具体的な方法例

・トイレの中で考える

・通勤中の電車内で考える

・仕事での移動時間を活用して考える

・自分にとって課題が新鮮な賞味期限内に考える

・タイマーを使って考える（5分〜30分）×数回

・砂時計を使って考える（5分〜30分）×数回

・別の作業の合間に考える（5分〜30分）

・隔離された逃げられない場所で考える

視覚化を活用した方法例

・連想した単語を並べて視覚化する

・連想したことを並べ直して視覚化する

・思いついたことを絵（落書き）にする

・図表化して視覚化する

・グラフ化して視覚化する

・関連した写真や記事を集めて視覚化する

・とにかくまずはまとめて視覚化する

なぞかけで頭の回転力を鍛えて、「アイデア脳」を手に入れる

「なぞかけ」は、「○○と掛けて□□と解く、その心は△△である」といった一見○○と□□という無関係な単語を提示して、○○と□□の共通点△△を示す言葉遊びです。これはまさに、前段で触れた「アイデアは、情報をつなぐことによってつくられる」をそのまま活用した言葉遊びと言って良いでしょう。落語家などは面白い「なぞかけ」の技を即興でたくさん披露したりします。しかし、彼らも最初からそれができたわけではありません。練習をしたからこそ、それができるようになったわけです。○○と□□といった無関係な要素を組み合わせて新しいアイデアを出せる「アイデア脳」になるために、なぞかけはとてもよい練習になります。自分でお題を決めて毎日練習しましょう。１日３題～５題と数を決めてしばらく続けてください。３０日～６０日くらい続けると、頭の回転が以前より改善されたことを実感できると思います。「生きて成長する記憶」を数多く持っていても、それをつなげる能力が向上しないと「アイデア脳」にはなりません。「アイデア脳」は、「生きて成長する記憶」を数多く持ち、それらを複合的につなぎ、答えを導くことができる「脳」です。左ページで「なぞかけ」の練習の進め方を紹介しています。ぜひ挑戦して「アイデア脳」を手に入れましょう。

なぞかけ(○○と掛けて□□と解く、その心は△△である)のつくり方

1. まずは何でも良いので、なぞかけの「お題」を決める
例　携帯電話

2.　決めた「お題」の関連語句をできるだけたくさん思い浮かべる
例　「便利」「通じる」「いつでもいっしょ」「時々切れる」

3. その中からなぞかけのオチ(△△)に使えそうな
同音異義や同音同義の言葉を抜き出す
例　「時々切れる」

4.　オチと決めた言葉で、掛ける言葉(□□)を連想する
例　「時々切れる」→「奥さん」

5. つないでつくって完成
例　「携帯電話」と掛けて「奥さん」と解く、その心は「時々切れます」

●

なぞかけのオチ(△△)は、【同音同義系】【同音異義系】
【区切り方で意味が変わるセンテンス】の3種類あることも憶えておこう。

【同音同義系】(△△)が発音が同じで意味も同じか近いもの
例　「電力と掛けて「奥さん」と解く、その心は「時々切れる」

【同音異義系】(△△)も発音が同じで意味が違うととられるもの
例　「婚約発表」と掛けて「白旗をあげる」と解く、
その心は「幸福(降伏)宣言です」

【区切り方で意味が変わるセンテンス】
例　「主婦」と掛けて「パチンコの景品交換」と解く、
その心は→「家事の、にない(担い)手でしょう」
その心は→「カジノにない、手でしょう」

［ミニ・トピック］ アイデアのスイッチ

　みなさんは、どんな状況ならアイデアを引き出しやすいですか？移動中の電車内？それともお風呂？自分の周りの人にもぜひ聞いてみてください。案外、「机の上」と答える人は少ないのではないでしょうか。それは、実は「集中力」と関係があるのです。アイデアを引き出しやすい「創造的思考状態」は、リラックス状態と緊張状態のちょうど中間くらいと言われていますが、その状態になるには誰しも「スイッチ」があるはずです。なかなか気づきにくいこのスイッチは、自らが無意識に入れていると言われています。テレビのスポーツ中継で、選手が靴ひもを締め直したり、ゴーグルをかけ直している光景を見たことがありませんか？これは集中力を高めるために、意識せず自然に行っている行為だと言われています。みなさんも、集中力を切り替える自分の「スイッチ」を探してみてください。

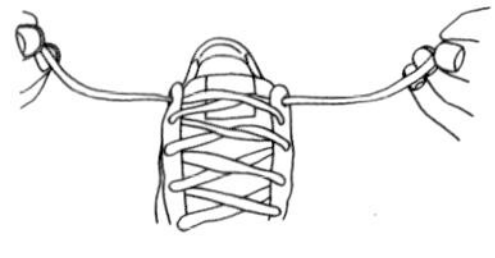

クリエイティブ・アイデアのヒミツとヒケツ：基礎編　まとめ

- アイデアは、思いつくものでなく創意工夫でつくりあげる
- アイデアは、練習すれば出せるようになる
- アイデアは、情報をつなぐことによってつくられる
- 表現アイデアと記憶の相関関係を考えてみる
- 「生きて成長する記憶」こそアイデアの源泉
- 「クリエイターの視点」で「生きて成長する記憶」として手に入れる
- 「クリエイターの視点」で生活しているクリエイターの半生から学ぶ
- 「クリエイターの視点」での暮らしで、「アイデア脳」をつくる
- 量は、良いアイデアを生む糧
- アイデアを出すコツは、「制限」と「視覚化」がポイント
- なぞかけは、アイデア出しの基本

クリエイティブ・アイデアのヒミツとヒケツ：企画編

そもそも「企画」ってなんだろう？

企画という言葉は、「企」と「画」の２つの漢字で構成されています。企には「くわだて」、画には「設計」などの意味がありますが、共通するのは「もくろみ」という意味が入っていること。実はこの言葉には、コミュニケーションをデザインする上で一番大切なことが含まれているのです。「たくらみ」と言い換えても良いかもしれませんが、それは〝狙いをもって他人の心を動かす〟ということです。どんな人にも経験があると思いますが、家族や友人の誕生日に、その本人（ターゲット）をどうやって驚かせようか、どんなふうに喜んでもらおうかと、時間をかけて準備したり、また初めてのデートのときに、相手の興味があることを調べたりしながら、楽しんでもらうための計画を練ります。人はそんな「企画」を誰に教わることもなく、ごく自然にやっているものなのです。

「たくらみ」には、時代劇などで悪代官と商人がろうそくの明かりのもと、ひそひそ話をしているような暗いイメージもありますが、こと企画に限って言えば、ターゲットのサプライズを最大限引き出すために、しっかり調査し計画を考え、実施するためのシナリオと考えれば良いと思います。もくろみでも、たくらみでもいい。相手の気持ちや心を動かすには、繊細な計画と大胆なアイデアで、その人の体験を最高なものにすることが必要なのです。最高の体験には、最大の効果が付いてくる。最高の誕生日を体験した人は、いつまでたってもその日のことを忘れません。企画したあなたにも、いつまでも「ありがとう」の気持ちを持ち続けることでしょう。つまるところコミュニケーション・デザインの基本は、設定したターゲットの心が動く「体験」をどうつくり出すか、ということにほかならないのです。それは相手が1人でも百万人でも基本は変わりません。

点の企画、面の企画　（企画をわかりやすく捉えるヒケツ①）

ごく簡単にまとめると、企画のアイデアには2種類の型があります。1つは「点」型で、もう1つは「面」型。「点」とは瞬間的に気持ちが動くことを意味していて、テレビＣＦや新聞広告、駅のポスターなど、昔からあるメディアに比較的多い型です。見たこともないようなビジュアルにハッとしたり、鋭いキャッチコピーに少し考えさせられたり、タレントの言葉になぜかドキドキしたり、出会ってしまったが最後、心が一瞬で動かされます。「点」と呼ぶのは、ＣＦなりポスターなりを見たときに、心に瞬間最大風が起きることから。広告が生まれて以来、この「点のアイデア」を磨くことにクリエイターたちは多大な努力を払ってきました。どうやって人の記憶に残そう、どうやって人の考えを変えよう、そのための言葉やビジュアルや音について考えてきたのです。その中から数々の名作も生まれ、今なお人々の記憶に残っているようなものもあります。もう1つの「面」の企画アイデアは、ここ数年で大きな広がりを見せているＳＮＳ（ソーシャル・ネットワーキング・サービス）やウェブのキャンペーンなど、デジタルを使った施策に比較的多い型です。友だちから教えてもらったキャンペーンサイトのゲームをダウンロードしてそれに参加したり、企業のブランドが展開する画像投稿サイトで、他人から投稿された写真が気に入ったら「いいね！」を押してシェアしたり、知らず知らずのうちに他の友だちと感情を共有するようなことも多いようです。こちらは瞬間風というよりも私たちの日常行動の延長線上に、企業のマーケティング活動が自然な状態で存在し面のように広がっていく、いわば「じわじわ型」「寄り添い型」とでもいうべきスタイルなのです。特徴的なのは、点の企画アイデアは個人の「内側」にイメージをつくり、比較的個人の中で完結する傾向にあり、面の企画アイデアは個人から外へ向けて、他人とイメージや感情を共有する傾向にあるということです。もちろん、点と面どちらが良いという話ではなく、「たくらみ」によって使い分ける、もしくは組み合わせることが重要です。「点」「面」それぞれの特徴と強みを知っておくと、企画を立てる上での全体像が把握しやすくなります。

「点」型の企画

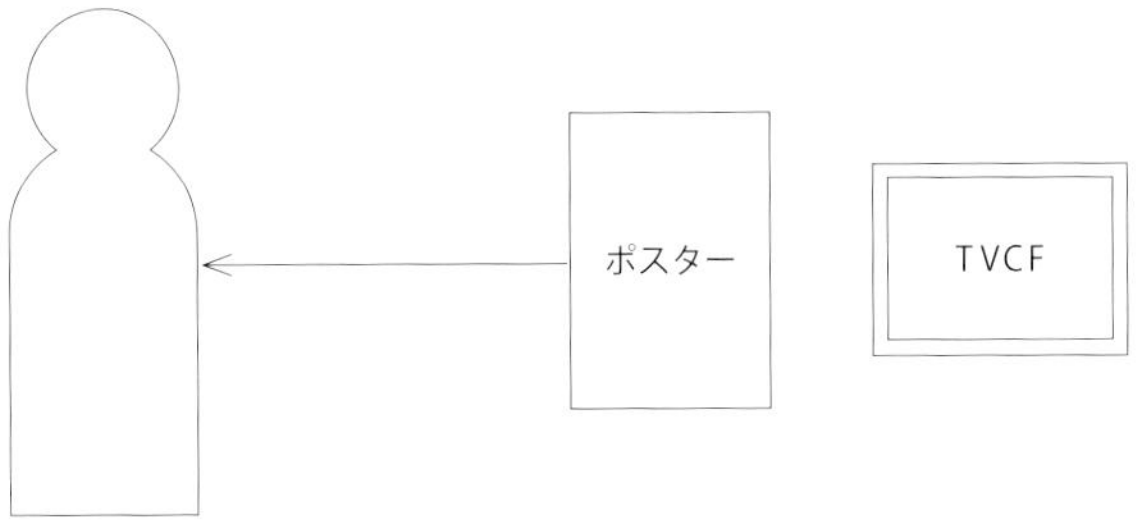

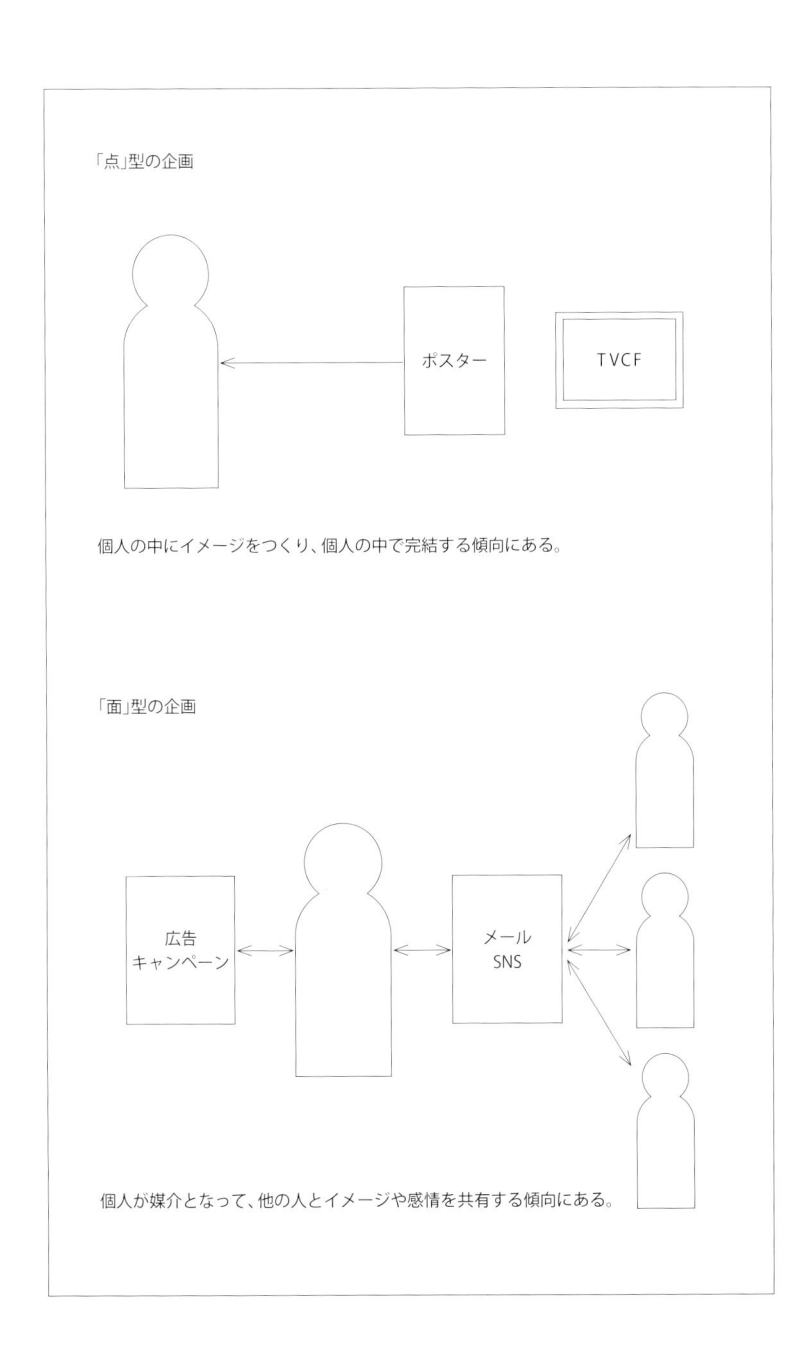

個人の中にイメージをつくり、個人の中で完結する傾向にある。

「面」型の企画

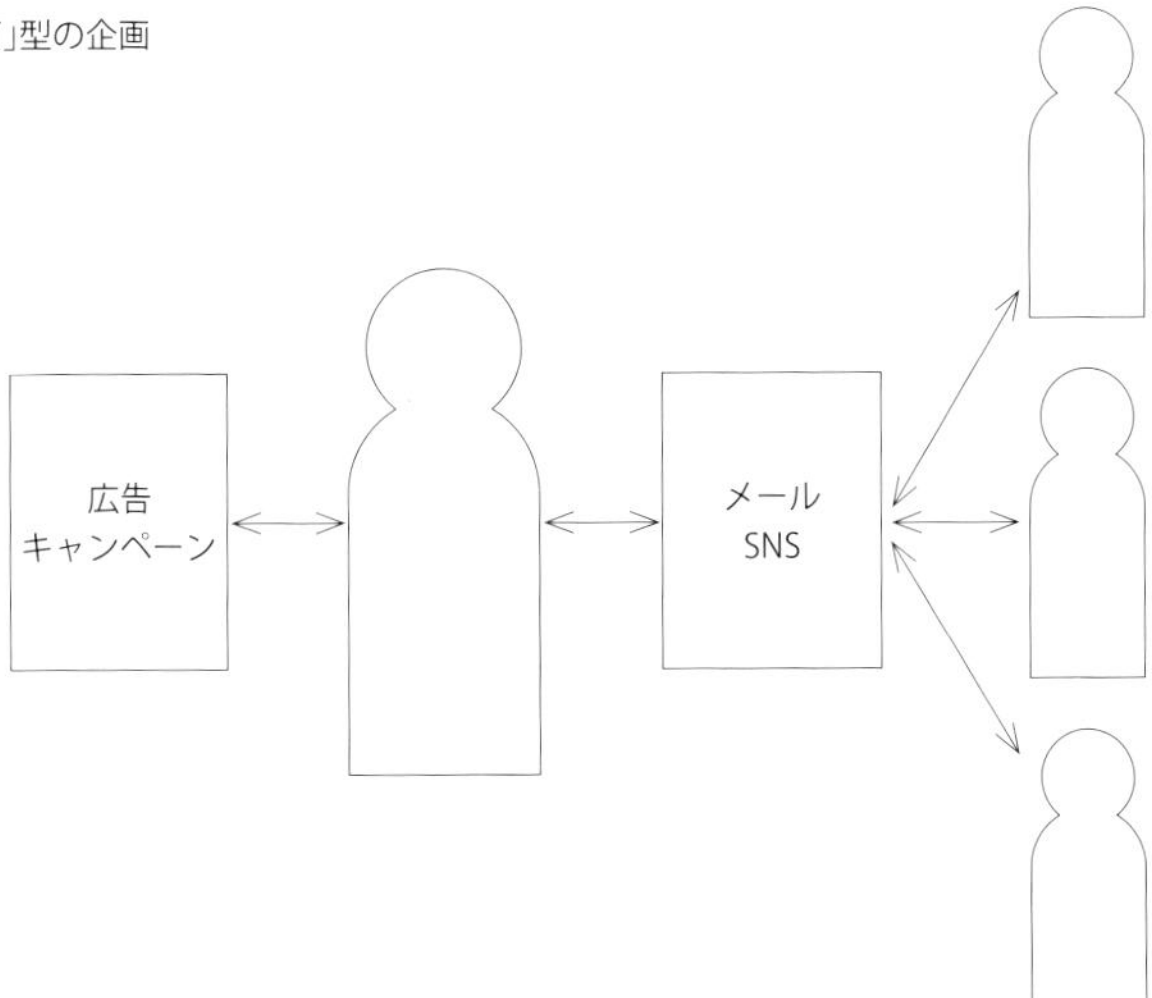

個人が媒介となって、他の人とイメージや感情を共有する傾向にある。

事例「東京スマート・ドライバー」

首都高速での事故を減らすために立ち上げられた、「東京スマート・ドライバー」というキャンペーンは、「点」と「面」を上手に組み合わせた事例です。いままで交通事故を減らすために行われていたのは、事故の怖さを伝えるような「脅し」ものや、取り締まりなどの「強制」ものがほとんどでした。「きれいに使ってくれてありがとう」と書かれてあるコンビニのトイレもそうですが、怒られるよりは褒められた方が人は気持ち良く行動するもの。「東京スマート・ドライバー」では、この「褒める」というアイデアで人の気持ちをポジティブな方向へ向けるように、たくさんの施策を行っています。褒めるパトカー「ホメパト」や、褒め言葉を袋に印刷した飴「ホメダマ」を配布するなど、うれしい気持ちや優しい気持ちを、個人の思いとしてどんどん外（他の人）へ広げていくことに成功しています。やはり「ウレシイ！」と感じた

TOKYO SMART DRIVER

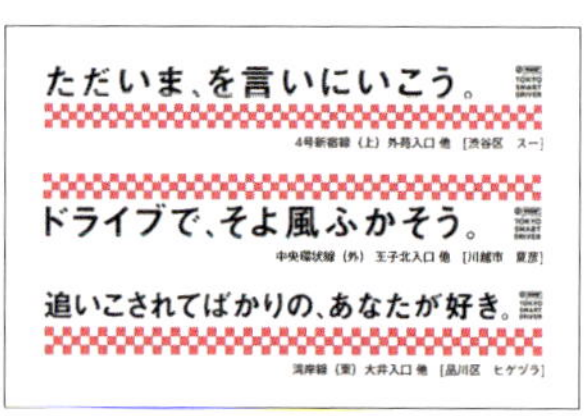

安全運転したくなる「スマートメッセージ」をラジオで募集し、首都高各所で横断幕にて掲載。

傘をシンボルにした雨の日事故削減アクション　レインスマートドライバー計画（日比谷公園）

ことは、誰しも家族や友人に話しますよね。これらはこの企画の「面」の部分ですが、一方で首都高速やパーキングエリアで見かけるメッセージなどは家族の言葉などを使い、ハッとさせられるものを中心に「点」型のコミュニケーションを展開しています。これは個人の"気づき"を伴うので、キャンペーンの入口としてはとても有効なヒケツです。

東京スマート・ドライバー「ホメパト」
http://www.smartdriver.jp/homepato/

ホメ玉には、メッセージの種類が 12 通りある
http://www.smartdriver.jp/topics/296

首都高を巡回し、良い運転を褒める「ホメパト」がプラモデルになり、賛同企業から発売された。

企画は凹と凸の関係で成り立つ（企画をわかりやすく捉えるヒケツ②）

１０数年前までは、広告という字のとおり「企業の伝えたいメッセージをどれだけたくさんの人に広められるか」という視点で数多くの企画が立てられてきました。メッセージの送り手と受け手がはっきり分かれていた時代だったので、伝えたいことをいかに面白く伝えられるかに、手間と時間を多く使ってきました。それで十分だったし、企業の発信するメッセージはいつも人々の生活をリードし、あこがれをつくり出してきたのです。その関係をわかりやすく図で表せば、凸が企業側からのメッセージで、凹は受け手（ターゲット・生活者）となります。しかし２０００年頃を境に、凹と凸が入れ替わることが多くなってきました。いままで受け手だった人々が、情報を発信する側になるケースが増えてきたのです。それはデジタル・デバイスやＳＮＳの広がりによる、人々の行動変化のためでした。このことにより、人は広告から得る情報をグッと減らしてしまいました。反対にメールやインターネットに使う時間が増え、そこでさまざまな情報が取捨選択されるようになったのです。そうなるとメッセージを窪み（凹）に向かって発信するような方法は、あまり効果がなくなってしまいます。むしろ人々がほしい情報や、やりたいことを企業の側が察知し、いろいろな「場」を用意する状況が増えてきました。

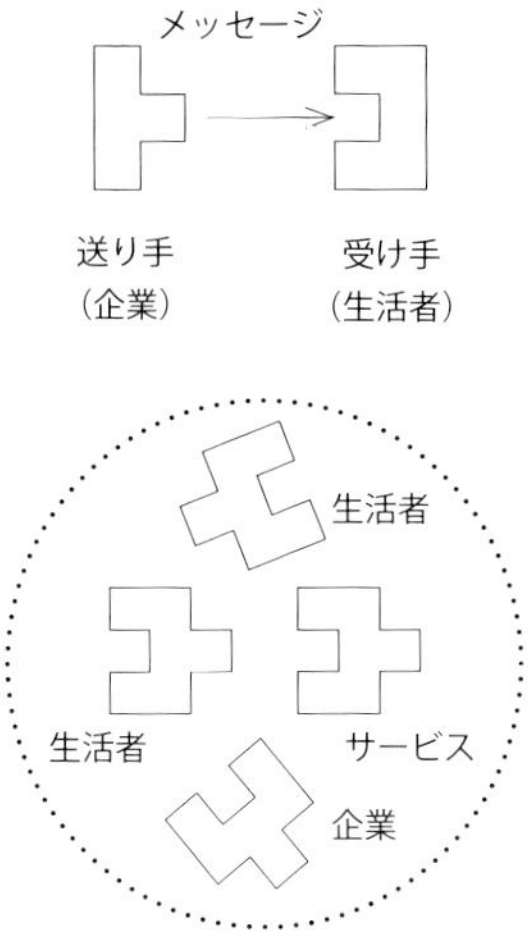

旧来に多かった型：

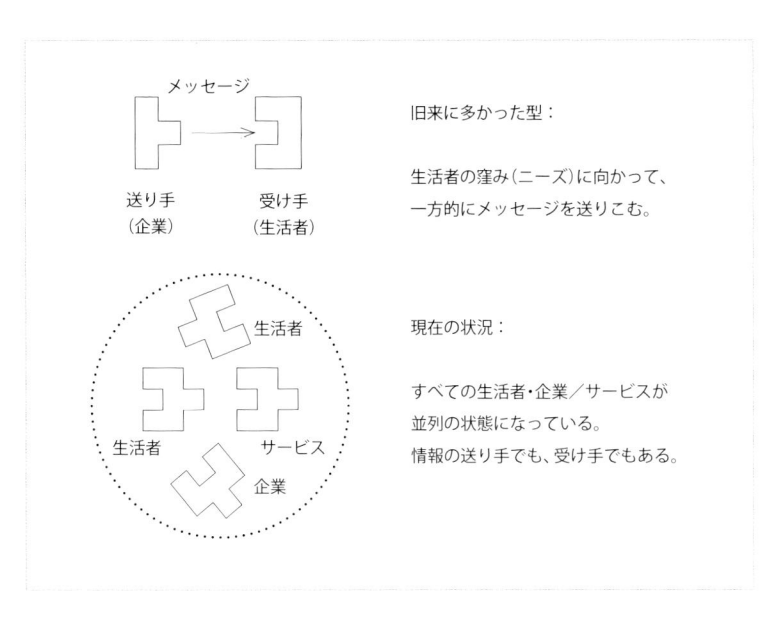

生活者の窪み（ニーズ）に向かって、
一方的にメッセージを送りこむ。

現在の状況：

すべての生活者・企業／サービスが
並列の状態になっている。
情報の送り手でも、受け手でもある。

いまや大小問わずマーケティング活動の多くがネットワーク上で行われ、どんな窪みを用意すれば生活者がいつも近い距離にいて情報を発信してくれるのかということに、知恵とエネルギーを使っています。一方で、凹と凸の関係は完全には入れ替わっているわけではなく、画期的な新製品の登場広告や直接商品を売る、通販のようなダイレクト・レスポンス型広告では、メッセージを人々の窪みに向かって投げ込むことが有効であり続けています。つまり、現在のような生活環境では、一方的にどちらかが完全な送り手・受け手になるのではなく、すべての企業やサービスや人が並列で常に同じ土俵の上にいる状況なので、プロジェクトの目的や商品によって凹凸の関係をフレキシブルに変える視点が必要です。

事例「プロイセンのじゃがいも」

プロイセンの王だったフリードリヒ二世は、当時、度重なる戦争や飢饉で劣悪だった食糧事情を改善するために、寒冷でやせた土壌でも育成しやすい、じゃがいもの栽培を奨励することにしました。しかし、南米原産のじゃがいもは、聖書の影響もあり「悪魔の食べ物」として民衆から避けられていたので、なかなか栽培が浸透しません。それを知ったフリードリヒ二世は、民衆の前でじゃがいもを食べるパフォーマンスを行い、その一方で国民に興味を引かせるためにベルリンの宮廷の庭にじゃがいもを植え、貴重な食べ物に見せかけるよう見張りの兵隊を置いたと言われています。また兵隊がわざと隙を見せて、農民たちにじゃがいもを盗ませていたという話も残っているようです。貴重な食べ物を宮廷の庭から農民が盗むことは、当時の状況を考えると本当かどうか少し怪しい感じもしますが、結果的にこの「キャンペーン」は功を奏し、現在のドイツではじゃがいもが広く食べられるようになりました。これをコミュニケーション・デザインの企画という視点で捉えると、とてもレベルの高いものではないでしょうか。メディアが発達していない当時の状況で、口コミを利用して国民（＝生活者）が持っている「じゃがいもは悪い食べ物」という考え方を、いくつもの施策で変えることに成功しています。

特に、じゃがいもを貴重品に見せるというのは「面」のアイデアで、噂がどんどん広まっていった様子が想像できます。また、王様が食べるパフォーマンスをしたり、盗ませたりと、メッセージを一方的に伝えるのではなく凹凸の関係（情報の送り手と受け手）を民衆の心理状況によって調整し、興味を持つよう上手にコントロールしているのは、なかなかの「たくらみ」ではないでしょうか。

「問題解決」から始めよう

前段までは企画の概略について書いてきましたが、ここからはベーシックな企画の作法について触れてみたいと思います。コミュニケーション・デザインのプロジェクトは、すべて〝問題解決プロジェクト〟と言っても過言ではありません。しかし、問題や課題が最初からクリアになっているというケースはあまり多くありません。またどんな画期的な新製品でも、問題を浮き彫りにせずに人々への伝え方やシェアの仕方を間違えると、市場導入を失敗することがあります。古くなったブランドをリフレッシュする、調査ではとても良い評価が出ていたのに実際は売れ行きが芳しくない、など目の前に問題がはっきりと存在するものは、「問題解決」と言われれば具体的にイメージしやすいのですが、売れ行き好調で一見何の問題もないようなものでも、問題が隠れていて見えないことや、本来の意図を誤解されていることがあります。どんなケースのどんな場合においても、コミュニケーション上の問題は必ずあると考えておいた方が良いでしょう。有名な例として、アメリカでミートソースの缶詰を売っていた食品会社の話があります。その会社は売れていたミートソースの売り上げをさらに伸ばすために、調査を行いました。すると調査では缶詰を買った主婦の多くが、玉ねぎをみじん切りにしてミートソースに加えてから料理に使っていたことがわかりました。そこで開発された新商品は当然のごとく「ミートソース 玉ねぎのみじん切り入り！」。これで売り上げが伸びるぞ、と誰もが期待していましたが、実際に販売が始まるとあまり売れなかったそうです。不思議に思った会社が深い調査を重ねた末にわかったことが1つありました。それは主婦が缶詰を使うことに、〝手抜き料理をしている〟という本人さえも気づいていない「罪悪感」を持っていて、その罪滅ぼしの意識から、みじん切りの玉ねぎを加えていたということだったのです。これでは缶詰は売れませんよね。この新製品は結果的に主婦の唯一の「仕事」を奪っていたことが良くわかります。このように問題は必ずしも明るいところ、見えるところにあるとは限りません。どんなプロジェクトにも疑問を持ち、問題解決の意識で企画の一歩目を踏み出してください。

３つのプロセスが、問題解決の基本形

よく街角で見かける、防火やひったくりなど警察や官公庁が作ったポスターを思い出してみてください。なぜかタレントの写真に標語のようなコピーが入っているものが多くありませんか？「ストップ！放火」「夜道はひったくりに注意！」など、どれも似たようなものばかりであまり印象に残らず、貼られていたことさえ憶えていません。防犯の啓蒙は市民生活の安全を守るためにとても重要な活動ですが、多くのコミュニケーションにあまり効果がない印象を受けるのでとても心配です。いったいどうしてこのようなことになってしまうのでしょう？目立つタレントも起用しているし、間違ったことが書いてあるわけでもありません。実は、いままで企画編で説明してきたように、これは言いたいことをそのままポスターにしているだけで、本当の問題を解決しようとしていないからなのです。問題解決を行うヒミツとして〝３つのプロセス〟があります。このプロセスを踏めば、問題の発見とアイデアの精度を上げ、問題解決に早く到達することができるはずです。その３つのプロセスとは、最初に「現状の洗い出し」、その次に「課題の発見」&「企画・アイデア」、そして最後に「実施」が加わるというもの。では、それらを説明していきましょう。

プロセス① 「現状の洗い出し」

ひったくりへの注意を喚起するポスターを例に挙げてみましょう。まず「現状の洗い出し」のプロセスでは、「どんなところで」「いつ犯罪が起きて」「どんな人が」「どんな被害に遭っている」など、起きている事実をなるべく多く書き出すという作業になります。他には、たとえば「大通りから一本入った人通りが少ない通りで」「駅から○○メートル以上離れている場所で」「夜○時以降に起こっている」「1人で歩く女性が」「40代以上が狙われている」などの要素が挙げられます。このプロセスを行う場合の注意点は、どんな細かいことでもたくさん書き出すこと。さらに、1枚の紙にランダムに書き出すよりも、付箋紙やカード状の紙に1つずつ要素を書き出すことです。そして、その中から似たような「傾向」をまとめる作業を行います。「グルーピング」とも言いますが、被害に遭った人のほとんどが、ハンドバッグのような手持ち型のバッグだったとか、曲がり角付近よりも直線で見通しの良い道路で多くの事件が起こっていたなど、近い者同士をグループ化する作業です。まとめにくいものがあれば「その他」として括ってください。このプロセスは、付箋紙などに書き出したなるべく多くの「現状の洗い出し」を、似た者同士でまとめるところまでです。

3のプロセス

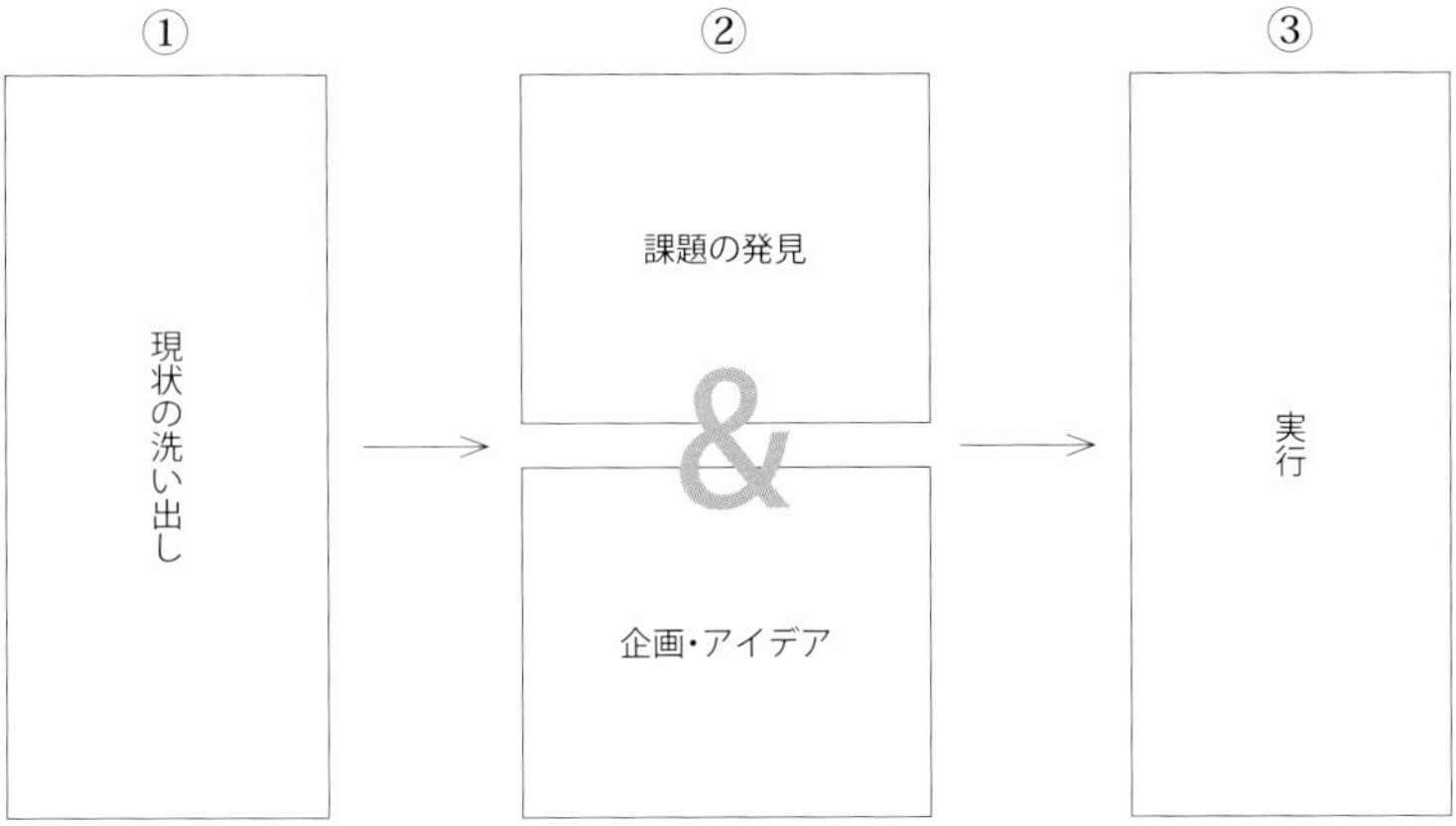

プロセス①　「現状の洗い出し 」：似た者同士でまとめる。

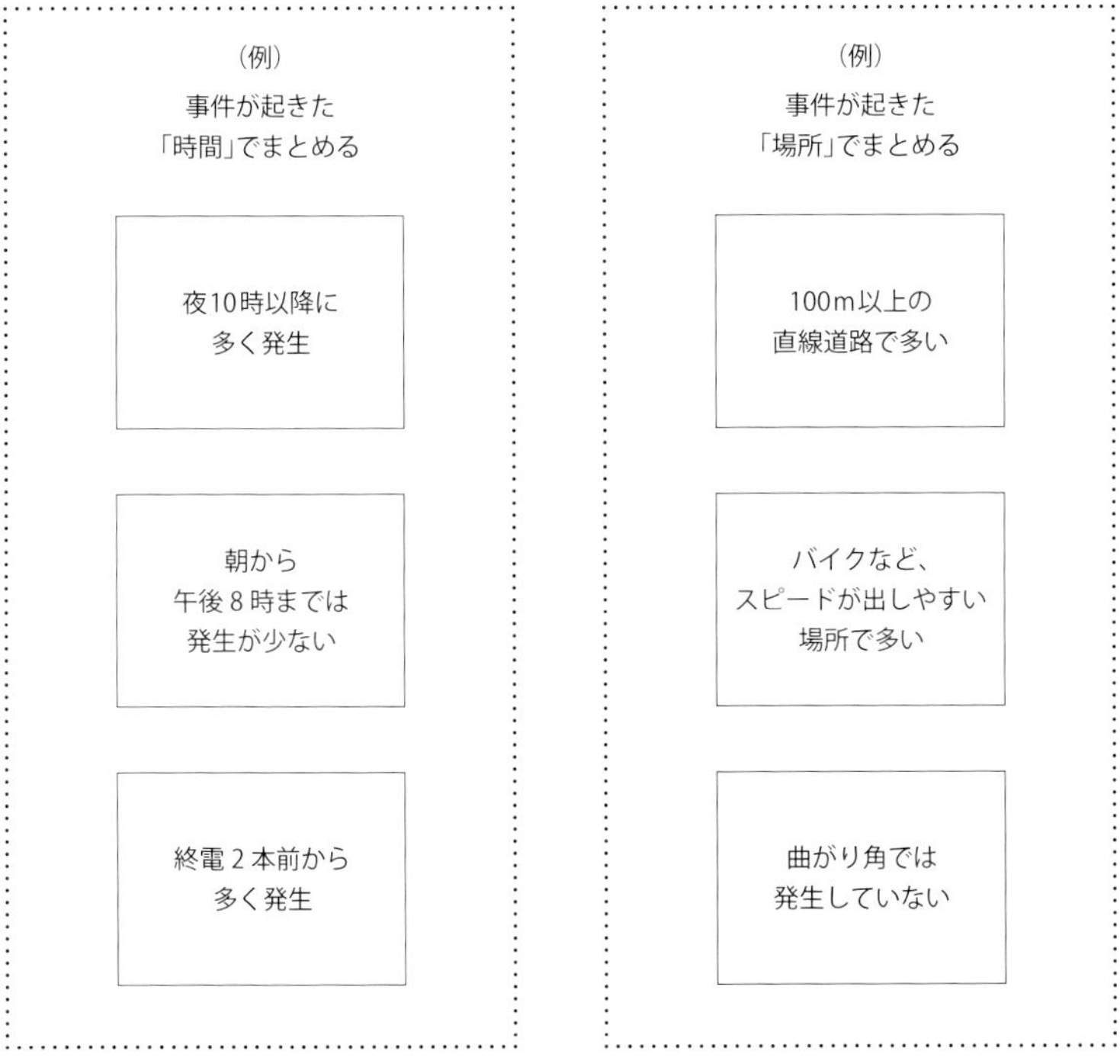

プロセス②　「課題の発見」&「企画・アイデア」

次に、「課題の発見」&「企画・アイデア」のプロセスに入ります。企画を考える人は、ここが大きな山場になります。「課題の発見」と「企画・アイデア」は一見別のプロセスのようですが、実はそうではありません。課題とアイデアは、兄弟のように常に対になっているものなのです。良い企画が生まれるとき、課題とアイデアはほぼ同時に見つかります。続けてひったくりの注意喚起ポスターの例で考えてみましょう。「現状の洗い出し」を似た者同士の要素でまとめたところで、見えてくる問題があります。たとえば、「どうやら直線の道路で多く事件が起こっている」という傾向が出てきたとします。おそらく犯人はバイクで後ろから近づき、バッグをひったくって一気に加速して逃げるのでしょう。ここに「課題の発見」があります。この場合は、〝道路側の手でバッグを持っていること〟です。あくまで例なので多少の飛躍はあるかもしれませんが、車道と反対側の手でバッグを持つだけでも、事件が減る可能性が出てきます。また「課題の発見」は、同時に「企画・アイデア」を見つけることにつながります。

- 課題の発見【例】　バッグを道路側の手で持つことが危険
- 企画・アイデア【例】　「道路側の手には花を持とう!」のような〝道路側の手を埋める〟キャンペーンを実施

また「現状の洗い出し」プロセスで、〝犯人がひったくるバッグには必ずお財布が入っていた〟という問題が浮かび上がってきた場合には、〝お財布が入っているバッグは見分けやすい〟ということが「課題の発見」となり、その対策として次のような企画・アイデアが出てきます。

● 課題の発見【例】　お財布が入っているバッグは、わかりやすく狙われやすい

● 企画・アイデア【例】　紙製の、盗られても良い「見せバッグ」を数種、駅でレンタル開始（バッグを複数持つ）

プロセス③「実施」

３つ目の「実施」は、とても重要なプロセスです。企画・アイデアがどんなに良くても、この実施プロセスが悪ければ、効果がまったくなくなることさえあります。リレー競技でもバトンの渡し方や走りなどが悪ければ、前の走者がつくったリードを失ってしまうように、実施は結果を生むための大切なアンカーとなるのです。この本はアイデアづくりのヒミツとヒケツをシェアするものなので、詳しくは省きますが、自分が実施に携わる・携わらないに関わらず、企画・アイデアを最大限活かすように、実施のプロセスへバトンを渡さなければいけません。

「企画・アイデアツール」　トンネル発想法

ここからは「企画・アイデア」を生み出すための便利なツールを紹介します。まずは「トンネル発想法」。これは簡単に言うと"両方から考えること"です。トンネルは両側から掘るとロスを抑えて早く掘ることができますが、それと同じように「課題を発見しようとする頭脳」と「アイデアを見つける頭脳」を同時に使い、両側から掘り進めることでスピードと質をアップさせることが可能です。やり方は、紙の一方に思いつく限り"仮説の課題"を書き出し、反対側に思いついたアイデア

発売キャンペーンのアイデア

企画・アイデアの種

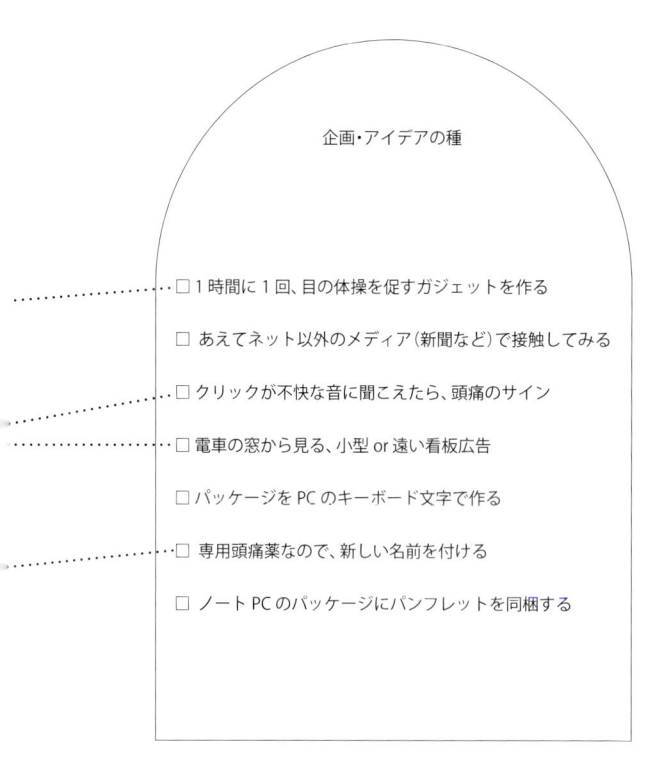

- □ 1 時間に 1 回、目の体操を促すガジェットを作る
- □ あえてネット以外のメディア（新聞など）で接触してみる
- □ クリックが不快な音に聞こえたら、頭痛のサイン
- □ 電車の窓から見る、小型 or 遠い看板広告
- □ パッケージを PC のキーボード文字で作る
- □ 専用頭痛薬なので、新しい名前を付ける
- □ ノート PC のパッケージにパンフレットを同梱する

を書き出します。最初は対でなくても構いません。思いつくだけ書き出す、そのたくさんの「量」が重要です。作業を繰り返すうちに、バラバラに並んだいくつかのものの中から、線で結べるものが出てくるはずです。

「課題の発見」&「企画・アイデア」のプロセスで重要なことは、頭を混沌状態にすることです。混沌はアイデアの栄養分。トンネルの両方に、思いつくことすべてを並べてください。このとき注意したいのは、必ず書き出すことです。頭の中に仕舞った状態だと、混沌というより混乱を引き起こします。また「課題の発見」は、最初のプロセス「現状の洗い出し」の延長線上にあるので、要素を似た者同士でまとめておくと課題の発見が近くなり、同時にアイデアも出やすくなります。

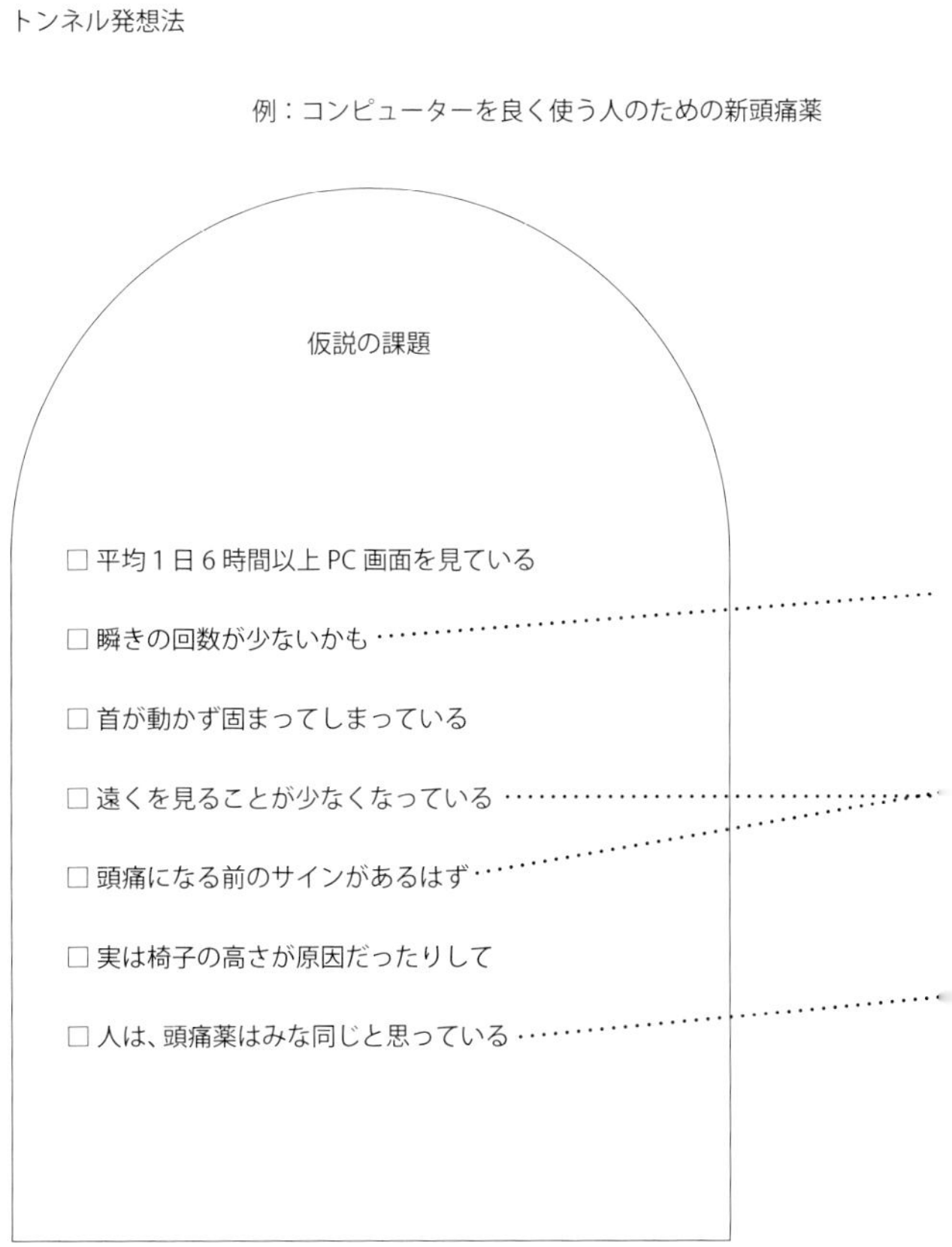

トンネル発想法
例：コンピューターを良く使う人のための新頭痛薬

仮説の課題
□ 平均１日６時間以上 PC 画面を見ている
□ 瞬きの回数が少ないかも
□ 首が動かず固まってしまっている
□ 遠くを見ることが少なくなっている
□ 頭痛になる前のサインがあるはず
□ 実は椅子の高さが原因だったりして
□ 人は、頭痛薬はみな同じと思っている

「企画・アイデアツール」　線香花火チャート

次に、問題解決のために頭を整理することができる簡単なツール、「線香花火チャート」を紹介します。これは1つの要素から枝分かれをさせて、子の要素・孫の要素へと連鎖的に要素を増やしていく方法で、特に問題を深く掘り下げていくときに有効です。線香花火が落ちかけのときに、たくさんの火花を飛ばす様に似ていることから名づけました。枝の数をあらかじめ強制的に決めて行うと、効果が出やすくなります。次ページの図は、苺を10代の女性にもっと食べてもらうために、問題を探りながらアイデアに近づいていこうとする場合を例に作ったものですが、まず中心に「?」マークとテーマを書き、その周りに4つの円を描きます。そしてその中に1つずつ、考えられる課題を書き出してみます。次に1つの仮説課題の周りにやはり4つの円を書き、その中を埋めていきます。この例の場合は枝の数をあらかじめ4つに設定していますが、数はいろいろ調整してやりやすいものを見つけてください。強制的に数を設定することで、思いつくことをできるだけ頭の中から絞り出せる効果があります。線香花火チャートは、トンネル法とはやや違い「課題の発見」寄りの手法ではありますが、結果として、アイデアの種がたくさん生まれることになります。

苺を10代の女性に
もっと食べてもらうには？
好きなところは?
香り
カタチ
味
色
ルビー色
緑＆赤
赤色
白に合う
雪の季節に
牛乳と
相性が良い
意外と
カルピス
に合う?
やっぱり
ケーキ
見た目の特徴
ハート
の形に似て
いる
ヘタが付
いている
果物の中で
は小さい方
ツブツブが
付いている
どんなイメージ
カワイイ
人間で言っ
たら女の子
最も恋愛に
近い？果物
美容に良い
嫌いなところは？
酸っぱさ
ヘタ取り
が面倒
種？
リンゴみ
たいに持ち
歩けない

「企画・アイデアツール」　ウルトラ・チェンジ

「ウルトラ・チェンジ」とは案件の一部分、あるいは複数の要素を「まったく関係のないもの」に置き換えてみる方法です。たとえば、「発売して数年を経たソフトドリンクを、リフレッシュして再発売するにはどうしたら良いか？」という課題があったとしましょう。この場合、仮にソフトドリンクを「歌手」に、再発売を「旅」に置き換えてみます。この一見突拍子もない置き換えをすることで、違う角度から物事を見る、考えの柔らかさを手に入れることができます。デビューして数年経った歌手がリフレッシュする旅に出る。「どこへ行くのか」「誰と行くのか」「どんなリフレッシュをするのか」などなど、少し想像しただけでも多くのシチュエーションが浮かんできます。そのシチュエーションを元の課題に戻すと、考えの幅が広がっていきます。「このソフトドリンクを何か（誰か）と組み合わせてみよう」「持ち運びに便利なミニサイズも開発してみよう」など、一見ばかげているような置き換えからいろいろなヒントが出てくるはずです。これは、企画・アイデアが膠着しかかっているときなどにとても有効な方法。「もし○○に変えてみたら」と基本的には同じやり方ですが、ポイントは、できるだけ変なこと、突拍子もないことに置き換えることです。

ウルトラ・チェンジ（活用例）

課題：発売して数年経過したソフトドリンクAを、リフレッシュして再発売するには？

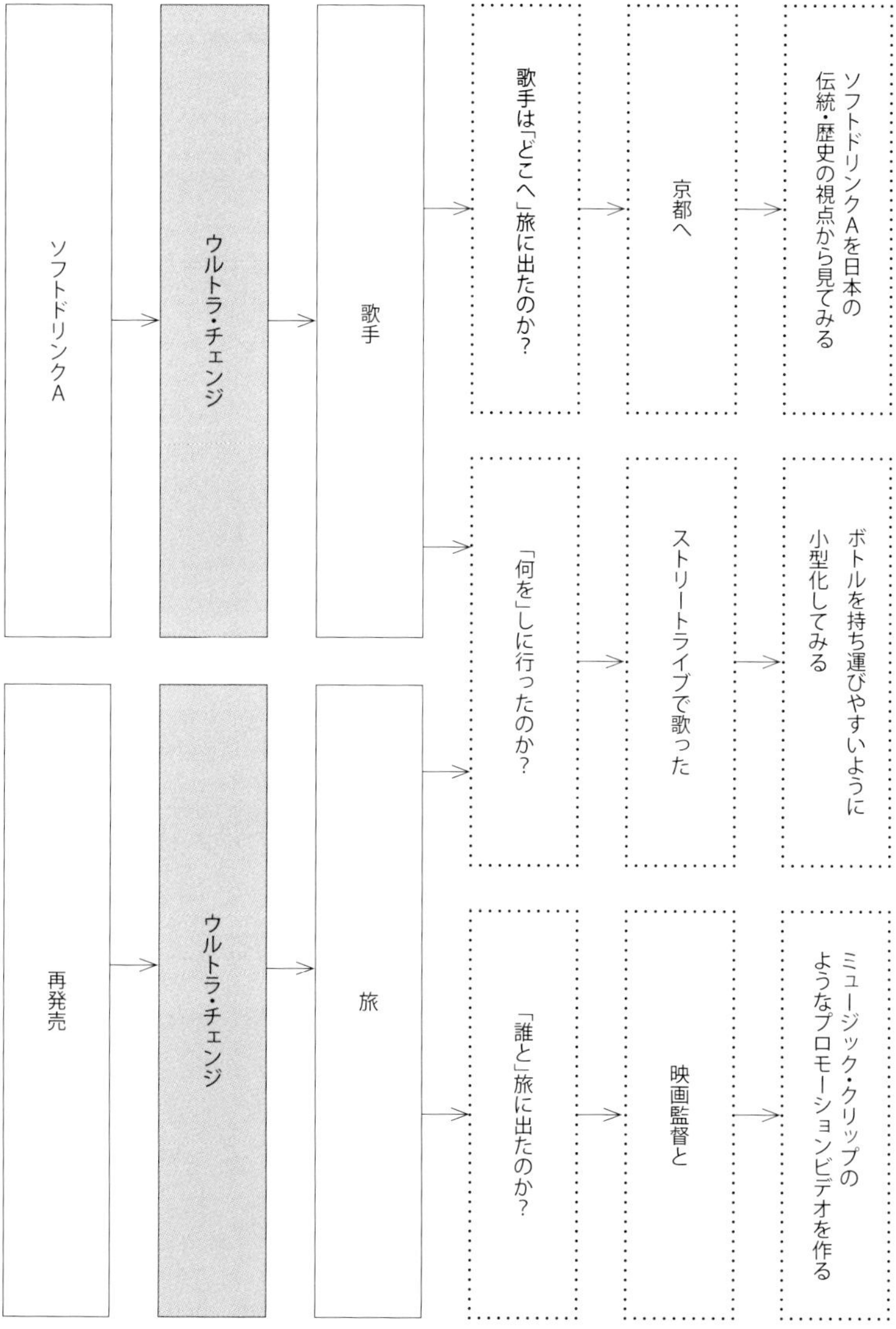
ソフトドリンクA
再発売
ウルトラ・チェンジ
ウルトラ・チェンジ
歌手
旅
歌手は「どこへ」旅に出たのか？
「何を」しに行ったのか？
「誰と」旅に出たのか？
京都へ
ストリートライブで歌った
映画監督と
ソフトドリンクAを日本の伝統・歴史の視点から見てみる
ボトルを持ち運びやすいように小型化してみる
ミュージック・クリップのようなプロモーションビデオを作る

「企画・アイデアツール」　リバース・コンセプト

長年企画に携わっている人でも、体に沁み込んでいる常識が壁になることがあります。一方、まだそれほど常識を身につけていない子どもは、大人が驚くような絵を描き、たくさんの「？」マークを頭に浮かべながら、毎日を過ごしています。企画は「なぜ？」と疑問を持つことから始まると言われていますが、当たり前と思っていることや正しいとされることを疑うことで、新しい切り口の発想ができるようになります。たとえば、「商品に付いているバーコードは、同じ大きさ・同じカタチでなければいけない」という、誰もが当たり前に捉えて疑わないものを「パッケージをぐるりと囲む長いバーコードをつくる」「傘をバーコードの下に付けて雨に見えるようにする」のように、〝当たり前〟をクルッとひっくり返して考えてみることです。「リバース・コンセプト」の手順は、「現状の分析」で出てきた常識的な要素をできるだけ多く書き出し、その横に矢印を描いて、ひっくり返したアイデアを書くようにします。このリバース・コンセプトは、企画・アイデアやブレイン・ストーミングが煮詰まったときだけでなく、普段の生活でも「当然のこと」「当たり前のこと」を、ひっくり返して考えてみる訓練として取り入れることで、発想の筋肉を鍛えられます。

リバース・コンセプト（活用例）

苺はパックにたくさん入って売られている	↔	苺を１つだけで宝石のように売る
苺は赤い	↔	ベビーピンク色の苺は出来ないか？
野球は９人でやるもの	↔	４人で小スペースでやる野球は？
検索用の窓は横長の四角形	↔	「窓」をやめて、どこでも検索できるように
図書館は建物	↔	ネット上で借りられる図書館
自販機はお金を入れて買う	↔	月精算のツケができる自販機
服を買うたびに袋をくれる	↔	袋がスタンプカードになっている（使い続ける）

「企画・アイデアツール」　マイナス・ワン

このツールは、何か要素を1つ、わざと欠損させてみるという方法です。普通、車のタイヤを1つ失ったり、4本ある椅子の足が1本欠けてしまうと、とても不安定な状態になりますよね。人は基本的に安定や安心を求める方向に思考が働くので、日常生活で何かが欠ける状況に出会うとそれを修復しよう、調整しようと頭が回転し始めます。この仕組みを利用して、企画・アイデアを立てているときに、わざと欠損状態をつくり出してみると効果が上がる場合があります。たとえば、新型ハイブリッド車の全国発売キャンペーン企画があったとします。予算も潤沢、いろいろな専門スタッフも揃っていて、スケジュールも問題なく、条件的には何一つ不自由がない。でも、そのような状態のときというのは、驚くようなパワフルな企画は案外立てにくいものです。そこでわざと「販売ディーラーがない状態」を、「マイナス・ワン」ツールでつくり出してみます。現実には販売網がない状態で、新車のプロモーション企画を全国展開するようなケースは考えられませんが、1つ重要なファクト（要素）を欠いた状態で考えてみると、意外なアイデアが浮かんでくる場合があります。このツールは、状況が安定している状態ばかりでなく、ブレストが行き詰まったときにも活躍します。

製品：新型ハイブリッド車
販売：販売ディーラー　→　この要素をマイナスしてみる
予算：○○億円
広告：広告会社

Q：新型ハイブリッド車の販売キャンペーンの場合「販売ディーラーがない」状態
では、どこで、どのようにして売るか？

【例１】
日本全国の住宅展示場に試乗車を置いて、ネットだけで販売

【例２】
大型スーパーやコンビニの駐車場の一部を借りて試乗販売

ほかにはどんな「売り場」「販売方法」が考えられるでしょうか？

「企画・アイデアツール」　ランダム・キーワード

アイデアは自分の記憶や経験の中からしか生まれないものです。誰しも自分のまったく知らないことや体験していないことをアイデアにはできません。また企画・アイデアを立てている最中においては、多くの意見や情報の中に埋もれてしまい、視点や思考の幅が狭くなってしまいがちです。しかし、ときに何らかの刺激を外から与えることで、自分の中の古い記憶や忘れかけていた経験から、思いもかけないようなアイデアを引っぱり出すことができます。たとえば、「新しいお菓子を開発する」という課題があったとします。そのときにランダムな言葉として「英国」というキーワードをぶつけてみると、「ウイスキーの風味を活かしたお菓子」「バッキンガム宮殿の衛兵さんが休息に舐める飴」「タータンチェックの包み紙」など具体的なイメージがいろいろと出てきます。別の例で「町内の公園を活性化するアイデア」を出す場合に、「AKB48」というキーワードをぶつけてみます。すると「ファンの集う場所に」「選挙の公示場所」など、アイデアの種がいろいろと出てきます。このランダム・キーワードは言葉だけでなく、日常生活にあるすべてのものが対象となりますが、こんなやり方で実践してみてはどうでしょう？

◆雑誌や新聞を見ながら　雑誌や新聞を無作為に開いて、目にとまった言葉や写真をランダム・キーワードとして使うやり方です。新聞は時事ネタが多いので、タイムリーな刺激を自分に与えることができます。また雑誌は対象の課題とはなるべく関係のないものを選ぶと良いでしょう。車のプロジェクトの場合はファッション誌、というように。

◆インターネットをサーフしながら　検索サイトで、思いついたキーワードを打ち込みます。そうして挙がってきたサイトを上から順に閲覧し、言葉や写真、商品や理念をランダム・キーワードとします。コツは、あまり1つのサイトに固執することなく、いろいろなキーワードでなるべく多くのサイトを訪れ、多方面からの刺激を自分に与えることです。

◆カードを作る方法　文具店などで売っている名刺大のカードに、新聞などで目に付いた「キーワード」を書き留めます。それを裏返してトランプのようにめくり、ランダム・キーワードとします。慣れてくると、新聞や雑誌などに頼らなくても、目に入るものや人の会話のすべてが、このランダム・キーワードになってきます。

［ミニ・トピック］ タイトルはとても大切

良い企画を立てる人は、企画書などタイトルの付け方が上手です。「名は体を表す」の言葉どおりタイトルにはアイデアのエッセンスが凝縮されていて、かつ短くわかりやすいものが基本です。その上で、レトリックなどを使い（本書の「コピー編」参照）人の気持ちを掴むようなタイトルを付けてください。「もっと知りたい」「もっと聞いてみたい」と思わせられるようなタイトルは、プレゼンでも人を引きこむ力が強いものです。企画アイデアに悩みながら、なかなかタイトルが決まらないこともありますが、良いタイトルがスッと決まるときは、企画の背骨がしっかりしていて自然と施策の枝葉が広がっていくことが多い気がします。

クリエイティブ・アイデアのヒミツとヒケツ：企画編　まとめ

- 企画とは「たくらみ」。ターゲットの心が動く「体験」をつくり出そう。

- 企画アイデアには、気持ちの内側へ向き、個人の中で完結する「点」型、個人から外へ向け他人とイメージや感情を共有する「面」型がある。目的に合わせて使い方・組み合わせを考えよう。

- 情報の送り手（凸）と受け手（凹）は、プロジェクトの目的や使うメディアによって常に変化する時代なので、フレキシブルな視点で考えることが重要。

- すべてのプロジェクトを「問題解決」として捉え、企画をスタートしよう。

- 問題解決３つのプロセス「現状の洗い出し」→「課題の発見」&「企画・アイデア」→「実行」

- 企画アイデアのためのツール

【トンネル発想法】トンネルを両側から掘るように、課題をアイデアを両方出す。【線香花火チャートツール】枝分かれで課題を探す。個数を強制的に決める。

【ウルトラ・チェンジ】要素をまったく関係ないものに置き換えてみる。【リバース・コンセプト】常識・前提条件をひっくり返して考えてみる。

【マイナス・ワン】重要な要素を1つ、消して考えてみる。【ランダム・キーワード】ランダムなキーワードをぶつけ、刺激を与える。

クリエイティブ・アイデアのヒミツとヒケツ：コピー編

コピーのアイデアって?

言葉の影響力はとても大きい。長い歴史の中で、人の気持ちや行動に影響を与えてきた言葉はたくさんあります。「いざ、鎌倉」※「飲んだら乗るな、乗るなら飲むな」「メタボリック・シンドローム」「どげんかせんといかん」「事業仕分け」と、有事の標語から政策・施策に至るまで、伝えたいことや共有したいことを一行の文に凝縮することで、人の考えに影響を与え、しかも伝播力を高めることができるのです。また、強力なコピーには、リズムなど感覚的なものと論理性が両方含まれているため、記憶に残るという点ではビジュアル以上のパワーがあるかもしれません。先の東日本大震災後に、こんな話を聞きました。昔から地震による津波が多かった東北地方では「津波てんでんこ」という言葉が代々伝承され、それを記憶していたことで今回の津波でも助かった人が多くいた、ということです。「津波てんでんこ」とは、もし津波が来たら取る物も取らず、また肉親にも構わずに各自てんでんばらばらに一人で高いところへと逃げろという意味で、一人でも多くの命を助けることを目的とした「一行」のようです。長い文章ではなく、伝えたい要素を凝縮して憶えやすくする。ここにコピー・アイデアのヒミツとヒケツを見ることができます。

※鎌倉時代、幕府に緊急事態が起こると、近隣の武士を鎌倉に集めた。謡曲「鉢の木」にある、佐野源左衛門常世が「鎌倉に一大事が起こったなら、一番乗りに馳せ参ずる」という覚悟で語った話を由来とする。

リメンバー・パールハーバー

このフレーズ、一度は聞いたことがあると思いますが、アメリカを日本との開戦に向けさせた、いわば歴史を動かしたとも言える言葉です。当時アメリカの世論は参戦へ消極的でしたが、時の大統領ルーズベルトは開戦を望んでいました。そこへきて日本が真珠湾を奇襲攻撃したことからこの事実をうまく利用し、国民の意識を開戦へと向けさせたのです。普通、考えを変えさせるためには〝説得〟するのが一般的です。「日本の騙し討ちによって、ハワイで３０００人近い死者を出した。このまま黙っていてはいけない！」のように、人を納得させようとする方向になりがちです。ルーズベルトが使ったこのフレーズには、実は2つのポイントがあります。一つは短く憶えやすいリズムの言葉であること。そしてもう一つはハワイの美しい〝パールハーバー（真珠湾）〟をコピーに使ったことです。日本軍に破壊された美しい風景をビジュアルとして連想させることで、論理で説得するよりも強い印象を記憶に残すことができたのです。物騒な引用で申し訳ありませんが、コピーのアイデアは、人の考え方を変えてしまう大きなパワーを持っていることを長い歴史が証明しています。このように使い方を間違えると大変なことになってしまう場合もあるのです。

コピーとは What to say, How to say.

What to say.（何を言うか）とHow to say.（どう伝えるか）は、広告のみならずコミュニケーション全般の基本ですが、コピーのアイデアを見つけるときにこそ、ぜひ立ち帰ってほしい場所です。まず「何を言うか」には２つの側面があります。一つは機能的なメリットで、生活者が得られる〝機能的・物質的〟なものやコトを指します。たとえば商品が車の場合では「リッター２８キロの低燃費」「乗り降りしやすいスライドドア」などが相当します。多くの場合、得られるメリットは〝２８キロ〟という数字や〝乗り降りしやすい〟といった説明などで、具体的に示されます。もう一つは情緒的なメリットですが、こちらは商品やサービスを通して得られる〝感動や気分〟といった心理面で得られるものやコトを指します。同じ車の例では「想い出がつくれる」「大人のスタイリッシュ・ワゴン」などがこれに当たります。〝想い出〟はこの車を使って家族で出かけた、その先のことを示していますし、〝大人の〟〝スタイリッシュ〟の場合は、この車を所有することへのカッコ良さを提示しています。いずれも車を通して〝得られるもの〟を表しています。このように同じ商品・サービスでも、機能的なメリットを言うべきか、それとも情緒的な側面で攻めるかは、戦略やコミュニケーション・デザインの設計によって変わってきます。

How to say. で大切な2つのポイント

「何を言うか」が決まると、次はHow to say.（どう伝えるか）の段階です。「どう伝えるか」はコピーのアイデアそのものと言っても過言ではありませんが、こちらにもポイントが2つあります。一つは〝説明しないこと〟。特にキャッチコピーにおいて重要なことで、受け手の本能や感情を刺激し、頭ではなく体で感じてもらうようにすべきです。「何を言うか」が決まっても、それを説明的なコピーで一方的に伝えるだけでは、今のように情報があふれ、判断の速度が上がっている世の中では埋没してしまいます。一説によると、人が駅に貼ってあるポスターを見る時間は、0・1〜0・3秒程度と言われています。人間が誰でも持つ本能や感情を刺激する言葉で、立ち止まらせたり目をくぎ付けにしたり、まさに〝キャッチ〟コピーとしての力を発揮しましょう。もう一つは〝時代の空気を取り入れること〟。いま現在、世の中がどんな気分に包まれていて人々がどう感じているのか、その空気をコピーに反映させることです。経済や流行を見るとわかりますが、人は大きな流れや動きの中で、意識しないながらも自分の行動を選択しています。やはり人間は社会的な動物なのです。時代の空気、世の中が「言葉にできそうでできない」ところをコピーがズバッと言ってあげると、人の気持ちは動きやすくなります。

What to say.

（何を言うか）

【機能的なメリット】

生活者が得られる機能的・物質的なもの：数字や説明などで具体的に提案できること

【 情緒的なメリット】

生活者が心理面で得られるもの：商品やサービスを通して得られる感動・気分の提示

What to say.（何を 言うか）が決まったら、

How to say.

（どう伝えるか）

【説明しないこと】

受け手の本能や感情を刺激し、頭でなく「体」で感じてもらうこと

例：そうだ 京都、行こう。（JR 東海） 例：きれいなおねえさんは、好きですか。（パナソニック）

【時代の空気を取り入れること】

生活者が感じていること、時代の動きをコピーに反映させること

例：5 時から男のグロンサン （ライオン）※当時は中外製薬

例：おいしくカジュアルに。キューピーハーフ （キューピー）

Q：次の商品・ブランドから「機能的なメリット」「情緒的なメリット」を
推測して書き出し、「何を言うか」を決めてから、
次に「どう伝えるか」にチャレレンジしてみてください。

日清 カップヌードル

サントリー ウーロン茶

トヨタプリウス

フリスク（ミント菓子）

東京ガス

シャネル

例：国産のお米

【What to say.】

機能的なメリット：ミネラル豊富な日本の水で育った / 産地からの距離が近く新鮮

情緒的なベネフィット：日本の農家さんが手塩にかけた / 子どもの未来をつくる食物

【How to say.】

メッセージ：日本の未来は、日本のお米でつくられる。

ビジュアル：ランドセルを背負って畔道を歩く、子どもたちの後姿。

コピーライターも絵を描こう

ビジュアルを描くのは、デザイナーやアートディレクターだけの仕事だと思っていませんか?それは決して間違いではありませんが、コピーライターにもぜひ絵を描いてほしいと思います。絵と言っても、イラストを描くこと、デザインすることを指しているのではありません。むしろアイデアのためのビジュアル、と言い換えた方が良いかもしれません。なぜそんなことを言われるのか不思議に思う人がいるかもしれませんが、実はコピーのアイデアは、ビジュアルを伴って生み出された方が、より強く明快になりやすいからなのです。コピーがそのままメインのビジュアルになるというケースもありますが、基本的にコピーとビジュアルは切っても切れない関係にあるのです。広告のアイデアがメディアに掲載される場合、ほとんどのコピーはビジュアルと一緒に定着されます。そこをゴールとして考えたとき、〝What to say, How to say.〟(=何を言うか、どう伝えるか)がワンセットで重要なので、初めから「コピーだけを書こう」と思わない方が、良い結果を生むことが多いようです。最終的にはコピーとアート、それぞれのスキルを持った人が分業で精度を上げるというプロセスなので、最初はコピーかビジュアルかをあまり意識せずに、アイデアとしてチームにシェアするのが大切になるのです。

基本的にビジュアルは〝伝われば良い〟ので、精度はあまり気にしないでください。人間を表すのは棒と丸で十分。車も箱にタイヤらしき丸が付いていれば、それで結構です。最近の世界的傾向では、ここ何十年も続いてきたコピーライターとデザイナーのタッグという最小チームの形態が、ストーリーを描く人（設計者）とテクノロジスト（実施者・技術者）に徐々に変わりつつあるという報告も受けますが、言葉を操ってコミュニケーションを設計したり導いたりする職種は、不滅のような気がしています。

コピーを技法から見る

ここからは、How to say.（どう伝えるか）をよりパワフルにするための、コピー技法をいくつか紹介します。特に比喩はコミュニケーションのアイデアで一番使われている技法なので、細かく分けて解説します。

比喩　①隠喩・暗喩法

メタファーとも言われています。あるものごとを別のものや人に見立てる技法で、より具体的なイメージを喚起する言葉に置き換え、シンプルに表現する技法です。「道の駅」「人生はドラマ」のように、隠喩は日常でも良く見かけることができますが、置き換えるものと置き換えられるもの、その両者の関係が離れているほど〝意外性〟や〝気づき〟を引き出すことができます。隠喩をコピーに使うと、読む人が自分の知識や記憶と照らし合わせるため、そこにほんの一瞬だけ考える時間が生まれますが、その後に発見を伴って「ピンとくる」ため、頭の中に強い印象・記憶を残すことができるのです。逆に、読む人の知識や記憶に依存しているため、隠喩の使い方を誤ると効果は半減します。女性の美しい容姿や立ち居振る舞いを、花を隠喩に使って表現した「立てば芍薬、座れば牡丹。歩く姿はユリの花」という言葉があります。リズムも良く、日本に昔からある花をメタファーとしてうまく使っている例ですが、芍薬や牡丹の花がどんな花なのか、もし伝える相手側に知識やイメージが不足していればこの隠喩はうまく成立しません。ぼんやりとは花をイメージすることができますが、「なるほど！」というところまではたどり着けないのです。つまり、コピーのコミュニケーションで隠喩を使う場合は、受け手の知識や記憶を十分に意識することが大切になってくるということです。

Q：次の対象を、隠喩を使って
表現してみてください。
それぞれいくつできますか？

例：「4色ボールペン」

- 四季ペン
- ファンタスティック・フォー
- ビートルズ・ペン

「ペプシ・コーラ」

「あなたの一番仲の良い友人」

「メルセデス・ベンツCクラス」

「サッカー日本代表」

隠喩の例：
「おしりだって、洗ってほしい。」（TOTO）
1982年のウォシュレットのコピーです。
お尻を擬人化することで、汚れたら手と
同じように洗うべき、という新しい視点
を多くの人に与えました。

比喩　②直喩

直喩は「～のような」「まるで～」など、たとえとして使うことをはっきり宣言している表現方法です。「あなたは明るい人だ」を、隠喩を使って「あなたはヒマワリだ」と表現するとわかりにくくなってしまいますが、このような場合に「あなたはヒマワリのようだ」と直喩で表現します。映像的なので、頭の中に残りやすい効果がありますが、比喩であることをわざわざ示しているためスマートさに欠けるのでしょうか、日本の広告のコピーでは直喩を使ったものは少ないようです。

比喩　③換喩・提喩

換喩をわかりやすく言うと、ある物事を、それに近い関係のもの、代表となるもので表現することです。たとえとしては「霞ヶ関＝日本の官庁」のように建物や地名が中身を表しているものや、「ペンは剣よりも強し」のようにペンは記者・言論、剣は軍隊・武力と、シンボルである道具がそれぞれの職業を表しているものがあります。「ハンカチ王子」「エア・ジョーダン」など、あだ名の多くは換喩の技法で付けられていますが、子どもたちはごく自然に関係性の近いもので置き換えをして〝あだ名〟を楽しんでいます。また提喩は、上位概念を下位概念で、またはその逆で言い換えることです。具体的には「筆を折る」（文筆活動をやめる）のように筆という言葉で上位概念である文筆活動を表したり、宝石のことを「石」と呼んで、上位概念で表現することです。

Q：次の比喩は、隠喩、直喩、換喩、提喩のうち、
どれに相当するでしょうか。

（1）ウォール街

（2）モンローウォーク

（3）カモシカのような足

（4）目玉焼き

（5）お茶をする

（6）鳴門巻き（ナルト）

（7）白雪姫

（8）赤ずきんちゃん

答え

(1)換喩：ニューヨークの「証券・金融の中心地」をその地名で表したもの
(2)隠喩：マリリン・モンローのように「腰を振って歩く」ことを隠喩として表現したもの
(3)直喩：「カモシカの足」という隠喩では伝わらないので、“のような”を使い説明したもの
(4)隠喩：黄身と白身の関係を「目玉」にたとえて表現したもの
(5)提喩：一休みして話をすることなどを、「お茶」という下位の概念で言い換えたもの
(6)隠喩：鳴門の「渦潮の形状」を模した練り物を表現したもの
(7)隠喩：見た目から、人物を「白い雪」にたとえて表現したもの
(8)換喩：代表する目印「赤い頭巾」で、人物を言い換えたもの

反語法

広告ではネガティブ・アプローチとも呼ばれ、本来の意図とは反対のことを言うことで、受け手の予測を裏切る技法です。コピーを書く場合には否定や反対の言葉を使うので、うまく決まると伝えたい意図を強調できるだけでなく、面白さ・皮肉さ・嫌味などのニュアンスも同時に出せます。ただ反語法は強いインパクトを残せる反面、誤解を受ける可能性も高いので、使い方には注意が必要です。

例　**まずい！もう一杯！**（キューサイ・青汁）

コワモテの俳優さんが、ＣＭで青汁を飲みほして口にする一言。え？と思った瞬間に、すぐおかわりしているので一瞬戸惑った後、「なるほど」と理解できます。反語法を使う場合、反対の意味を表現していることにどこかで気づいてもらう必要がありますが、それをうまく処理しています。

例　**諸君。学校出たら、勉強しよう。**（日経新聞）

日経新聞が新入社員向けに作った、新規購読を勧める広告のコピー。学校は勉強する場だったはずなのに「え、卒業してから勉強なの？」と、読み手に新鮮な驚きを与えます。同時に「大学ではあまり勉強しなかったでしょ？」という多くの日本人が経験のある「前提」を上手に利用しているので、見た人は誰もが〝なるほどね〟という印象を受けるのではないでしょうか。

例　**史上最低の遊園地**（としまえん）

このコピーは実際にエイプリルフール当日の新聞広告で見た憶えがありますが、強烈なインパクトを受けました。としまえんに家族連れで来たお父さんや子どもが、「来るんじゃなかった！」と後悔しているイラストのビジュアルです。コピーだけだと誤解を解くことに時間がかかりそうですが、ビジュアルや細かい演出で、楽しませる工夫をしていました。ちなみに下部には「今日は4月1日です」と、しっかり書かれていました。

緩叙法

緩叙法は直接的で強い表現ではなく、弱い表現や反対の表現で結果的に強調する方法です。たとえば、「良い」と言うところを「悪くない」と表現することで、控えめなのにしっかり印象に残すようなコピーの技法です。露骨に表現するよりも、含みを持たせることで深いメッセージに感じさせたり、遠回しな表現を使うことで、ユーモアや風刺性などを手に入れることも可能です。日本語ならではのコミュニケーションですが、注意点としてはキザな感じや嫌味な表現にならないようにすることです。

例　**「さしあげたのは、時間です。」**（サントリーウィスキー ギフト）

ギフトの広告なので、通常は「贈ったのは～」となるところですが、〝さしあげる〟という謙譲語を使うことで全体を丁寧で繊細に仕上げています。またそれにより、次に続く言葉「時間」を一層印象的にしています。ウィスキーならではの余裕や余韻が感じられるコピーですが、漢字ではなく平仮名にしたところにも、ギフトの優しさが強調されています。

例　**「エビス。ちょっと贅沢なビールです。」**（サッポロ）

贅沢の前に〝ちょっと〟を入れることで、ブランドの品の良さを感じさせながらも、味や品質に自信があることをさりげなく強調することに成功しています。また、〝ちょっと〟は「少し」のほかに「いつもと違うときに」「良い料理と一緒に」などいくつかの含みを持っているので、いろいろな展開にも合致するコピーです。特にテレビやラジオでナレーションとして聴いたときに、印象に残るよう設計されているような気がします。

例　**「あなたなんか大好きです。」**（西武百貨店 バレンタインデー）

〝なんか〟という言葉が、おしるこに少しだけ入れる塩のように効いています。一見反語法にも見えますが、インパクトを狙った直接的表現ではなく、反対の言葉を入れることで言いたいことをさりげなく強調しています。日常表現としてはやや大げさで、ドラマや漫画で見かける技法かもしれません。このコピーを見た人の多くは、素直に好きと言えない〝いじらしい女子〟を連想してしまったはずです。

婉曲法

ストレートではなく、遠回しに表現する技法で、「白いもの」→白髪、「お手洗い」→便所など、私たちの日常生活でもよく使われています。余韻や含みがあるので、コピーでは文学的表現になっているものが多いようです。

例　**試着室で思い出したら本気の恋だと思う。**（ルミネ）

例　**恋を何年、休んでますか。**（伊勢丹）

どちらも女性の洋服を販売する小売店のコピーですが、ルミネの例は「女性は新しい洋服を買うときに、相手の男性のことを思い出す」という、女性の共感を狙ったコピーです。〝洋服選び〟を試着室という言葉で言い換えたことで、「なるほど」と思わせること、具体的なシーンを思い浮かべさせる効果があります。また伊勢丹の例は、恋を「休む」という表現を使ったことで、仕事などに忙しい女性をドキッとさせただけでなく、おしゃれから遠ざかっている自分に〝言い訳〟できる余地を残してくれているような気がします。

視点転換法

視点をずらすことによって、新しい発見を読み手に提示する技法です。「そういう見方をするとこうなるんだ！」という、いままで見えていなかった側面が、見えてくる新鮮さをもたらすことが、この技法の特徴です。

例　**家は路上に放置されている。**（セコム）

例　**メトロの出口は、街の入口。**（東京メトロ）

どちらも「なるほど」と思わせる視点の転換を提示しています。セコムの例は、視点を泥棒側に転換したことで、読み手にハッとさせる効果を出しています。また、家ほどのサイズのものが「放置」されているところに、新鮮な驚きがあります。東京メトロの例は「出口は入口でもある」という、コロンブスの卵的な気づきが、そのままアイデアになっています。街に「入口」と付けることで、地下鉄から地上へ出てくる行動が、普段見る景色と違って新鮮に感じられるはずです。

いろんな技法を使って表現してみよう

いままで紹介してきた技法を使って、１０代の女性にもっと苺を食べてもらう〝苺のイメージアップ〟コピーを考えてみます。仮に１０代の女子は「思ったより苺を食べていない！」と設定してみます（実際はどうかわかりませんが）。苺についてWhat to say.（何を言うか）の機能的メリットとして、天然のビタミンC・ポリフェノール・食物繊維をおいしく摂れるという、主に健康面のメリットが挙げられるでしょう。また、情緒的メリットとしては、見た目が可愛らしい・赤い色から元気をもらう、など主にビジュアル面から発生する感情面のメリットについて言えそうです。そこからHow to say.（どう伝えるか）を、いろいろな技法を使って表現する例を一緒に考えてみましょう。

「隠喩」の場合　**食べるルビー。**

一般的に価値が高いとされる宝石のルビーを苺の隠喩（あるものごとを別のものに見立てる技法）として使いました。ただルビー自体が１０代の女性には少し縁遠いかもしれません。また、品種名にも「アスカルビー」というものがあるくらい、苺のたとえとしてわりとポピュラーなので、あまり驚きは引き出せないかもしれませんね。

「直喩」の場合　ハートみたいな、かわいい果実。

苺の形状から連想して比喩化してみました。女子はハート好き、という一般論に乗っかっています。やはり〝のような〟〝みたいな〟を使う直喩がコピーに入ると、どうしても野暮ったい感じになってしまいますね。

「換喩」の場合　真っ赤な元気、イチゴ。

苺のビジュアル面で代表的な〝赤〟という色を、換喩の技法で苺の言い換えとして使ってみました。また〝元気〟という言葉と結び付けると、「真っ赤」が、よりエネルギッシュな色に感じられます。近い関係のものや、代表することで言い換える換喩技法で、ほかのコピーを考えてみましょう。

「提喩」の場合　フルーツ・プリンセス

提喩は上位と下位の概念を入れ替えて表現すること。この場合は苺（下位概念）のカテゴリー（上位概念）である「フルーツ」を提喩として使っています。またプリンセス（王女）も擬人化による隠喩表現なので、ダブルの比喩になっています。実際に英語では、農作物の傑作を〝プリンセス〟と表現することもあるようです。

「反語法」の場合

苺なんか、もう二度と食べない。

相当捨て鉢な感じがするコピーになってしまいました。反語法を使うと、インパクトがあるので人を振り向かせる力はありますが、どうしてそう言うのか・言えるのかを、読み手が腑に落ちるよう、上手に落とし込む必要があります。たとえばこの例の場合、「すっぱさが嫌で二度と食べないと初めは思ったけれど」→「やっぱりイイものは体がほしがる」というコピーの流れをつくってみてはどうでしょう?ビジュアルは、キュートな女子が苺を口に入れた瞬間の〝すっぱい顔〟を大きく配しても良いかもしれません。

「緩叙法」の場合

ほんのり初恋の味。　／　イチゴなんて、大好きだ!

「ほんのり初恋の味。」は、甘ずっぱさを〝初恋〟という比喩で情緒的に表現していますが、〝ほんのり〟と控えめな言葉を前に付けることで、より優しさが強調されています。。それにしても〝初恋〟は、ちょっとおじさん的な発想過ぎるでしょうか。また「イチゴなんて、大好きだ!」の方は105ページの西武百貨店のコピーと同じ使用法ですが、〝なんて〟という反対の意図の言葉を使うことで、本来の意味を強調しています。緩叙法は、基本的には本来の意図を隠した「あまのじゃく」コピーと憶えておいてください。

「婉曲法」の場合　**朝のスイッチ。／ベリーベリー、ストロベリー。**

「朝のスイッチ」は、ビタミン豊富で甘ずっぱい苺を朝に摂ることで、一日の始まりをオンにしようという提案型のコピーです。ビジュアルのサポートが大事ですが、〝スイッチ〟をどんな表現で見せれば、より効果が高くなるでしょうか？少し考えてみてください。また、「ベリーベリー、ストロベリー。」は、リズム感を良くして音が頭に残るようにしています。〝Berry〟は苺類の総称の英語表現ですが、〝Very〟（とても）の意味も込めた「ダブル・ミーニング」という技法を使っています。この2つは婉曲法、つまりストレートではなく「遠回し」に表現することで意味を強調する技法を使っています。。

「視点転換法」の場合　**イチゴはバラ科の果物です。／苺は甘い野菜です。**

実際に苺はバラ科の多年草だそうです。バラ科という〝花の視点〟で見せることで、苺を少しエレガントに感じさせる作戦ですが、果たして女子は見方を変えてくれるでしょうか？また、草本性（木にならない植物）の植物ということから、苺は野菜として扱われることもあるそうです。このことから、普段サラダを良く食べる女子へ野菜としてのアプローチを行ってみました。こちらのコピーは新鮮な発見をもたらしそうです。

クリエイティブ・アイデアのヒミツとヒケツ：ビジュアル編

問題　この４つのビジュアルには、表現技法に共通点があります。それは何でしょうか？

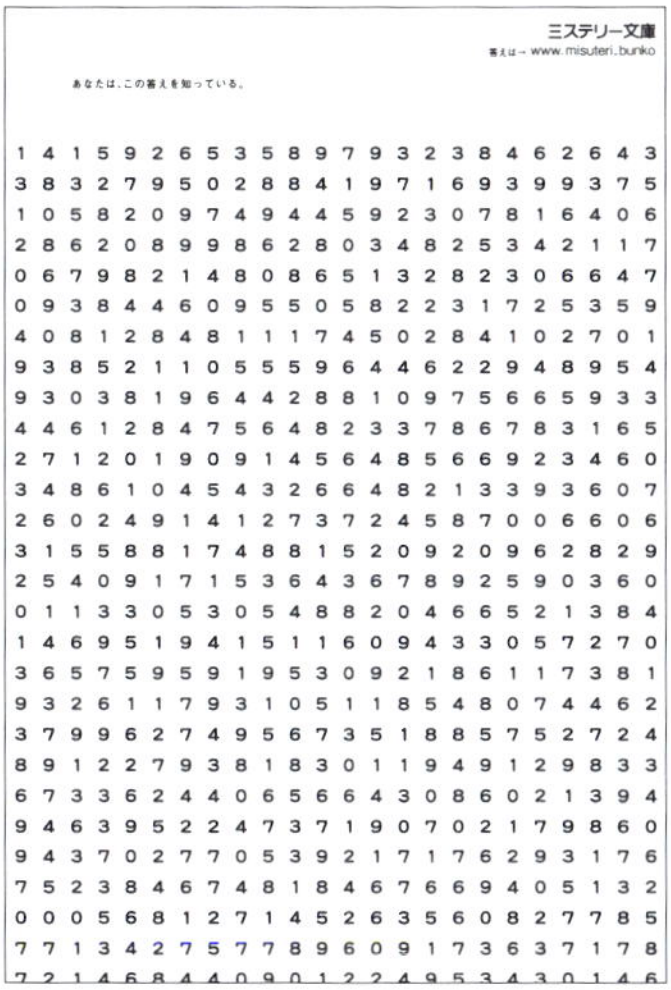
ミステリー文庫
答えは→ www.misuteri.bunko
あなたは、この答えを知っている。
1 4 1 5 9 2 6 5 3 5 8 9 7 9 3 2 3 8 4 6 2 6 4 3
3 8 3 2 7 9 5 0 2 8 8 4 1 9 7 1 6 9 3 9 9 3 7 5
1 0 5 8 2 0 9 7 4 9 4 4 5 9 2 3 0 7 8 1 6 4 0 6
2 8 6 2 0 8 9 9 8 6 2 8 0 3 4 8 2 5 3 4 2 1 1 7
0 6 7 9 8 2 1 4 8 0 8 6 5 1 3 2 8 2 3 0 6 6 4 7
0 9 3 8 4 4 6 0 9 5 5 0 5 8 2 2 3 1 7 2 5 3 5 9
4 0 8 1 2 8 4 8 1 1 1 7 4 5 0 2 8 4 1 0 2 7 0 1
9 3 8 5 2 1 1 0 5 5 5 9 6 4 4 6 2 2 9 4 8 9 5 4
9 3 0 3 8 1 9 6 4 4 2 8 8 1 0 9 7 5 6 6 5 9 3 3
4 4 6 1 2 8 4 7 5 6 4 8 2 3 3 7 8 6 7 8 3 1 6 5
2 7 1 2 0 1 9 0 9 1 4 5 6 4 8 5 6 6 9 2 3 4 6 0
3 4 8 6 1 0 4 5 4 3 2 6 6 4 8 2 1 3 3 9 3 6 0 7
2 6 0 2 4 9 1 4 1 2 7 3 7 2 4 5 8 7 0 0 6 6 0 6
3 1 5 5 8 8 1 7 4 8 8 1 5 2 0 9 2 0 9 6 2 8 2 9
2 5 4 0 9 1 7 1 5 3 6 4 3 6 7 8 9 2 5 9 0 3 6 0
0 1 1 3 3 0 5 3 0 5 4 8 8 2 0 4 6 6 5 2 1 3 8 4
1 4 6 9 5 1 9 4 1 5 1 1 6 0 9 4 3 3 0 5 7 2 7 0
3 6 5 7 5 9 5 9 1 9 5 3 0 9 2 1 8 6 1 1 7 3 8 1
9 3 2 6 1 1 7 9 3 1 0 5 1 1 8 5 4 8 0 7 4 4 6 2
3 7 9 9 6 2 7 4 9 5 6 7 3 5 1 8 8 5 7 5 2 7 2 4
8 9 1 2 2 7 9 3 8 1 8 3 0 1 1 9 4 9 1 2 9 8 3 3
6 7 3 3 6 2 4 4 0 6 5 6 6 4 3 0 8 6 0 2 1 3 9 4
9 4 6 3 9 5 2 2 4 7 3 7 1 9 0 7 0 2 1 7 9 8 6 0
9 4 3 7 0 2 7 7 0 5 3 9 2 1 7 1 7 6 2 9 3 1 7 6
7 5 2 3 8 4 6 7 4 8 1 8 4 6 7 6 6 9 4 0 5 1 3 2
0 0 0 5 6 8 1 2 7 1 4 5 2 6 3 5 6 0 8 2 7 7 8 5
7 7 1 3 4 2 7 5 7 7 8 9 6 0 9 1 7 3 6 3 7 1 7 8

I miss you.
Takobey

311
防げる災いもあります。
東日本大震災は、あらためて命や家族の大切さを教えてくれました。災いにも、天災のように避けられない災いと自分次第で避けることが可能な災いがあります。日本人の16人に1人が乳がんになる可能性があると言われています。乳がんは早期に発見すれば治癒率があがります。それを天災か、避けることが可能な災いにするかは、あなた次第。家族や自分のためにも定期的な検診を心からお勧めします。
乳がん早期発見を推進する会

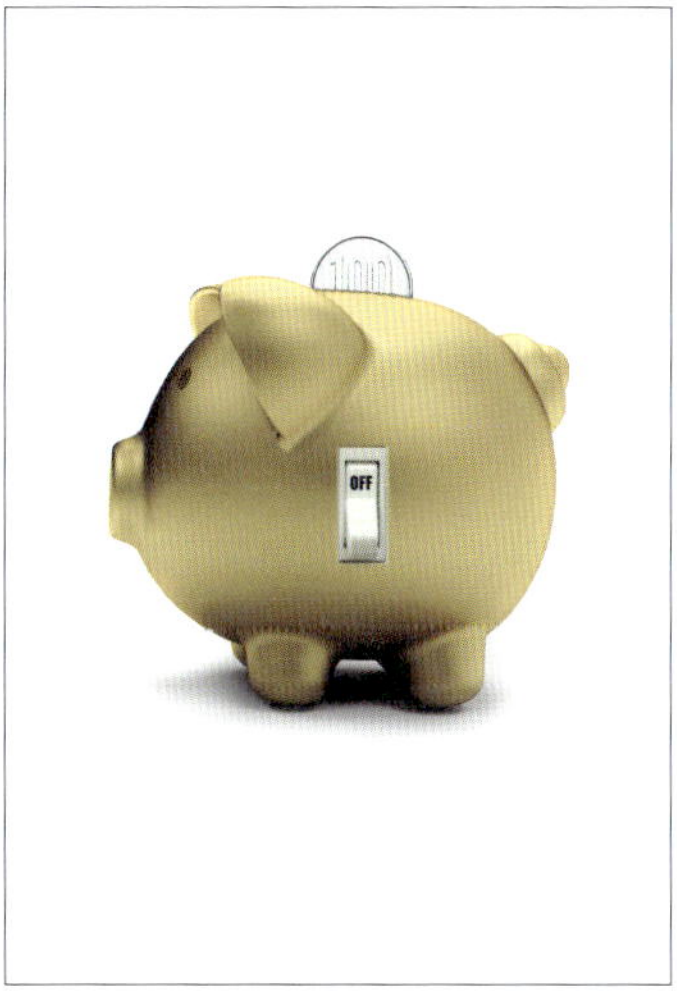
OFF

解答　「置き換え表現」と「誇張表現」

一つ一つを見てみましょう。まず、（1）は、演習率を隠すことによる「なぞ」の「置き換え表現」と言えます。（2）は、「地球」を「たこ焼き」にした「置き換え表現」でもあり、「日本人にとってたこ焼きがときどき食べたくなる哀愁の食べ物」である気持ちを、「人類が宇宙に行って、地球を懐かしく思う気持ち」により「誇張表現」された「置き換え表現」と言えます。（3）は、一見、本題とは無関係な、誰もが知っている東日本大震災のあった「日」を大きくクローズアップ＝「誇張表現」して、「震災は防ぐことのできない災害」だけれど、「乳がんは防ぐことができる災害」と、ビジュアルだけでなく意味の逆転換による「置き換え表現」により、それを「誇張表現」的なアプローチで共感に導いていると言えます。（4）は、「ぶたさんの貯金箱」を「電気を貯める」イメージの「置き換え表現」、「電気のスイッチのＯＦＦ」の「節電」という行為への「置き換え表現」と言えます。「電気のスイッチのＯＦＦ」後もずっと電気のスイッチをＯＦＦにしておくわけにはいかないので、象徴的に見せる「誇張表現」の一種と考えても良いでしょう。そういう見方をすると、ストレートな表現以外のビジュアル表現は、実は「置き換え表現」と「誇張表現」であふれていることに気がつくでしょう。意識して観察しましょう。

(1)

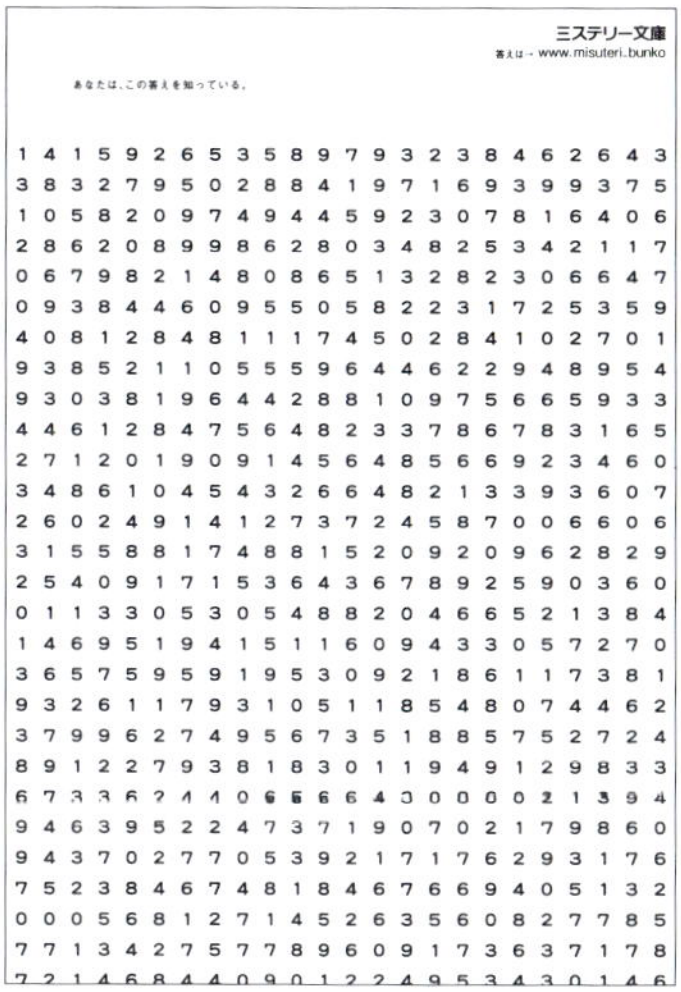
ミステリー文庫
答えは→ www.misuteri..bunko
あなたは、この答えを知っている。
1 4 1 5 9 2 6 5 3 5 8 9 7 9 3 2 3 8 4 6 2 6 4 3
3 8 3 2 7 9 5 0 2 8 8 4 1 9 7 1 6 9 3 9 9 3 7 5
1 0 5 8 2 0 9 7 4 9 4 4 5 9 2 3 0 7 8 1 6 4 0 6
2 8 6 2 0 8 9 9 8 6 2 8 0 3 4 8 2 5 3 4 2 1 1 7
0 6 7 9 8 2 1 4 8 0 8 6 5 1 3 2 8 2 3 0 6 6 4 7
0 9 3 8 4 4 6 0 9 5 5 0 5 8 2 2 3 1 7 2 5 3 5 9
4 0 8 1 2 8 4 8 1 1 1 7 4 5 0 2 8 4 1 0 2 7 0 1
9 3 8 5 2 1 1 0 5 5 5 9 6 4 4 6 2 2 9 4 8 9 5 4
9 3 0 3 8 1 9 6 4 4 2 8 8 1 0 9 7 5 6 6 5 9 3 3
4 4 6 1 2 8 4 7 5 6 4 8 2 3 3 7 8 6 7 8 3 1 6 5
2 7 1 2 0 1 9 0 9 1 4 5 6 4 8 5 6 6 9 2 3 4 6 0
3 4 8 6 1 0 4 5 4 3 2 6 6 4 8 2 1 3 3 9 3 6 0 7
2 6 0 2 4 9 1 4 1 2 7 3 7 2 4 5 8 7 0 0 6 6 0 6
3 1 5 5 8 8 1 7 4 8 8 1 5 2 0 9 2 0 9 6 2 8 2 9
2 5 4 0 9 1 7 1 5 3 6 4 3 6 7 8 9 2 5 9 0 3 6 0
0 1 1 3 3 0 5 3 0 5 4 8 8 2 0 4 6 6 5 2 1 3 8 4
1 4 6 9 5 1 9 4 1 5 1 1 6 0 9 4 3 3 0 5 7 2 7 0
3 6 5 7 5 9 5 9 1 9 5 3 0 9 2 1 8 6 1 1 7 3 8 1
9 3 2 6 1 1 7 9 3 1 0 5 1 1 8 5 4 8 0 7 4 4 6 2
3 7 9 9 6 2 7 4 9 5 6 7 3 5 1 8 8 5 7 5 2 7 2 4
8 9 1 2 2 7 9 3 8 1 8 3 0 1 1 9 4 9 1 2 9 8 3 3
6 7 3 3 6 2 4 4 0 6 5 6 6 4 3 0 0 0 0 2 1 3 9 4
9 4 6 3 9 5 2 2 4 7 3 7 1 9 0 7 0 2 1 7 9 8 6 0
9 4 3 7 0 2 7 7 0 5 3 9 2 1 7 1 7 6 2 9 3 1 7 6
7 5 2 3 8 4 6 7 4 8 1 8 4 6 7 6 6 9 4 0 5 1 3 2
0 0 0 5 6 8 1 2 7 1 4 5 2 6 3 5 6 0 8 2 7 7 8 5
7 7 1 3 4 2 7 5 7 7 8 9 6 0 9 1 7 3 6 3 7 1 7 8

(2)

I miss you.
Takobey

(3)

3 11
防げる災いもあります。
東日本大震災は、あらためて命や家族の大切さを教えてくれました。災いにも、天災のように避けられない災いと自分次第で避けることが可能な災いがあります。日本人の16人に1人が乳がんになる可能性があると言われています。乳がんは早期に発見すれば治癒率があがります。それを天災か、避けることが可能な災いにするかは、あなた次第。家族や自分のためにも定期的な検診を心からお勧めします。
乳がん早期発見を推進する会

(4)

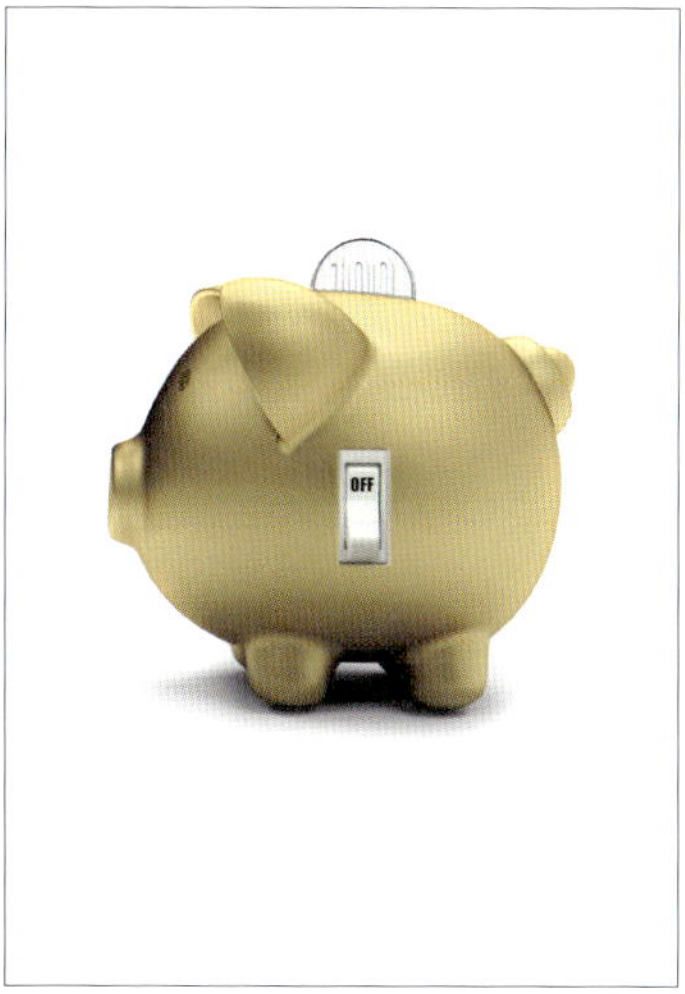
OFF

「置き換え表現」と「誇張表現」は、ビジュアル表現開発の鍵

まずは、「置き換え表現」について紐解いてみましょう。「表現する」とは、「言葉にする」「態度で表す」など、実は「置き換え表現」そのものと言って良いでしょう。ビジュアルもまた表現手段である以上、伝えたい内容を表現にふさわしい要素＝ビジュアルに「置き換え表現」する行為にすぎません。当たり前のことのように思う人も多いでしょう。しかし、それを意識してビジュアル開発の出発点にできるかできないかで、ビジュアル開発の成果は大きく変わってきます。「置き換え表現」「置き換え表現」「置き換え表現」……と、ビジュアルを開発する機会にはつねにそれを頭に思い浮かべてから始めると良いかもしれません。もう一つの「誇張表現」ですが、たとえば、「物真似芸」は、「誇張表現」の技術のなせる技といって良いでしょう。真似る本人の特徴を捉えて、そこを「誇張表現」するから面白いわけです。似顔絵もまた、「誇張表現」の技術のなせる技です。このように「誇張表現」は、表現したい対象や内容を「誇張して表現」することによって、象徴的に見せてインパクトをつける定番の技術と言えます。「置き換え表現」「誇張表現」は、ビジュアル表現のみならず、あらゆる表現の開発における最大の鍵と考えてください。

ビジュアル表現に限らず、実は表現はすべてが「置き換え表現」

赤ちゃんが「お腹すいた」と泣くのも	→	「置き換え表現」
言葉も何かを表現するための	→	「置き換え表現」
歌も何かを表現するための	→	「置き換え表現」
詩も何かを表現するための	→	「置き換え表現」
小説も何かを表現するための	→	「置き換え表現」
音楽も何かを表現するための	→	「置き換え表現」
映画も何かを表現するための	→	「置き換え表現」
絵画も何かを表現するための	→	「置き換え表現」
デザインも何かを表現するための	→	「置き換え表現」
ビジュアルも何かを表現するための	→	「置き換え表現」

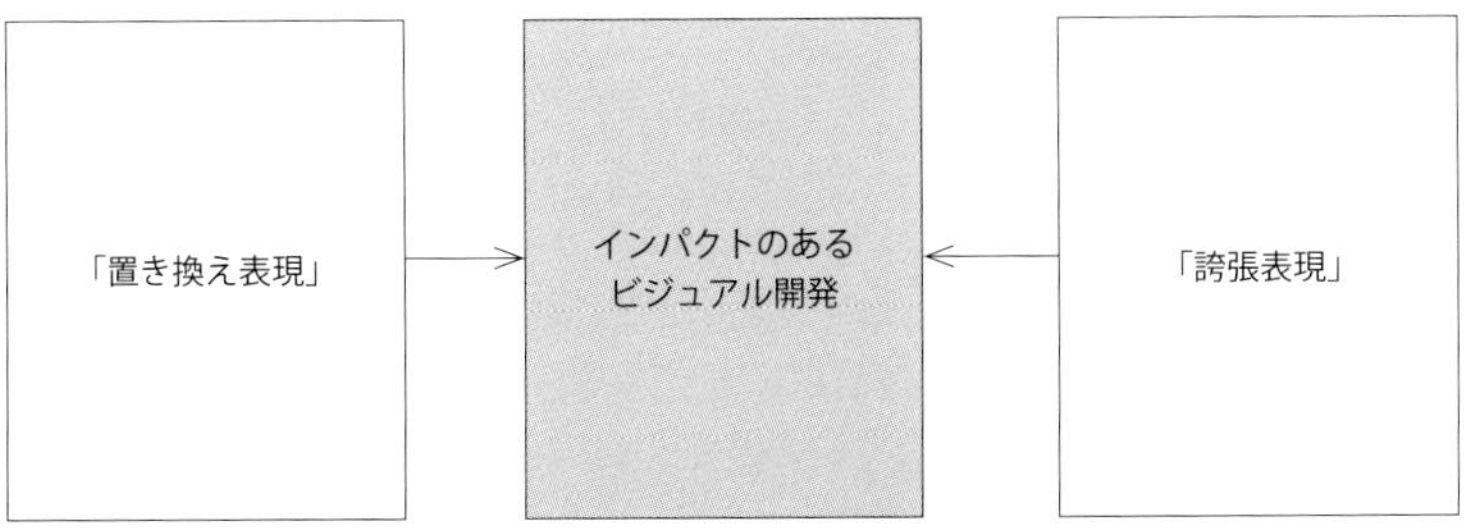

「切り口連想置き換え法」

「直接連想」でなく「切り口」を使っての「ステップ連想」がコツ

ビジュアルの「置き換え表現」の「直接連想」がスムーズにできるようになるためには、切り口を活用して、連想を刺激した方がやりやすいと思います。「直接連想」は、熟練した人には向いていますが、慣れてない人は連想行為が続かなくなるケースが多いと思います。いきなり拡散思考で「『直接連想』で考えて出しましょう」と言われても、困る人は多いでしょう。最初は「切り口」を使って、確実に連想することを訓練すれば、最終的に「直接連想」で数多くの連想案を出すことができるようになります。なぜなら、「直接連想」でアイデアが出せる人は、過去に「切り口」で連想することを無意識のうちに修得している人か、その修練を何らかの機会に積んで修得している人だからです。自転車を何も考えず無意識に操作できてしまうのと同じです。もしあなたが、「直接連想」で連想がすぐ行き詰まってしまうとしたら、この方法はとても有効に連想を出すことにつながるはずです。切り口は、記憶させることができるので、連想をする場面でその切り口を使って、一つずつ連想行為を行うことができるからです。そして最初は面倒かもしれませんが、続けていけば必ず「直接連想」でアイデアがたくさん出せるようになると思います。「切り口」の種類は、この後に紹介します。

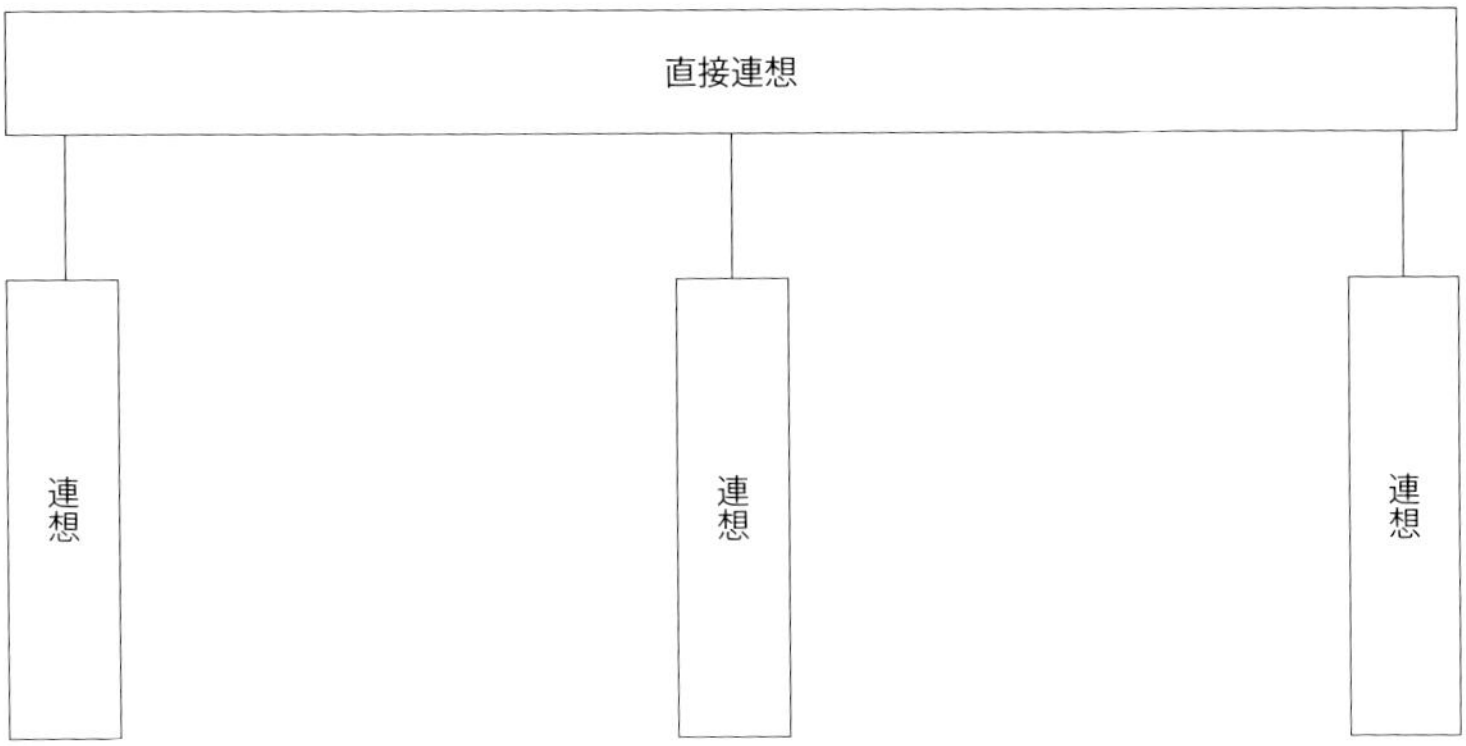

熟練者には向いているが、初心者には向いていない

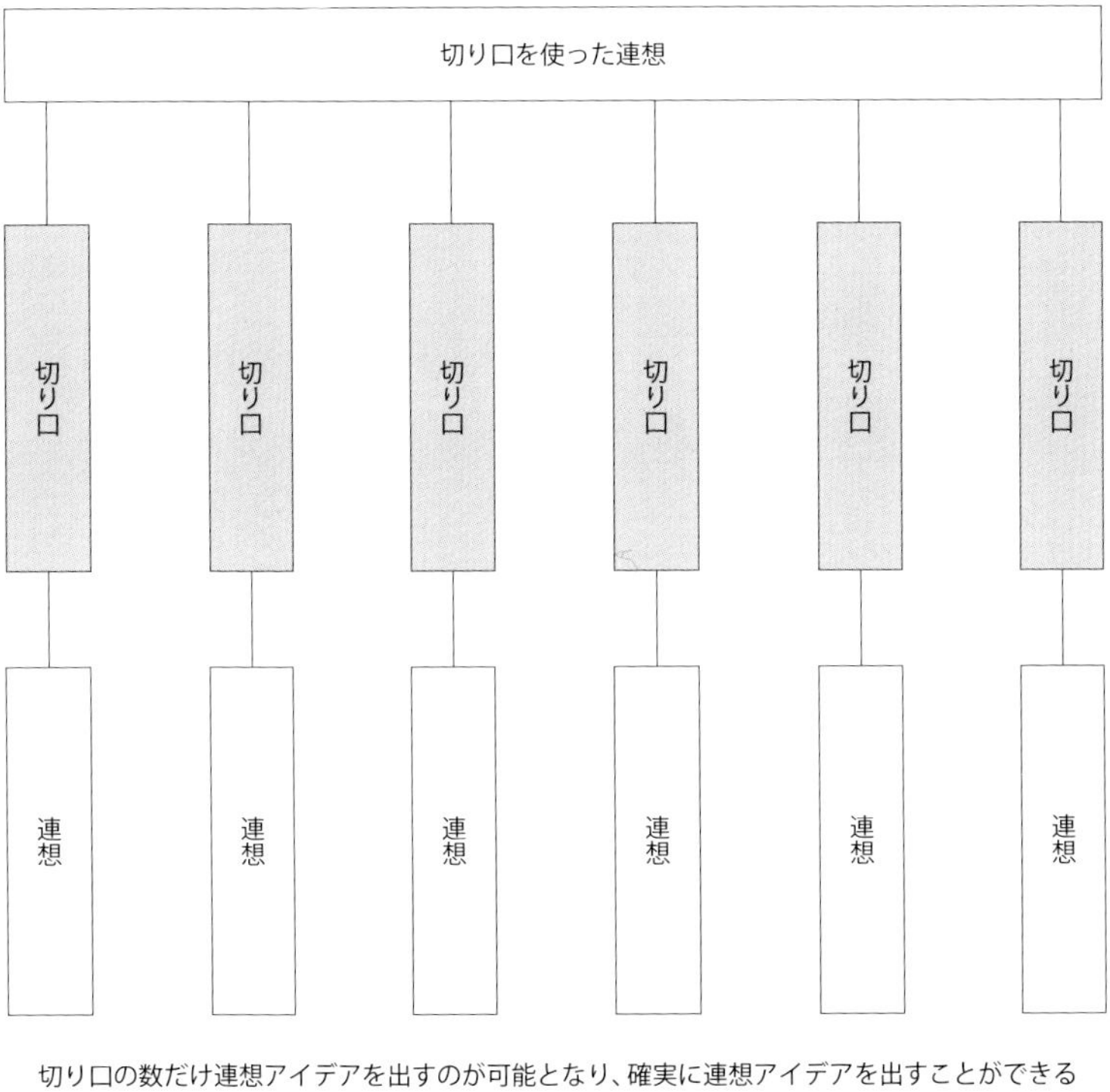

切り口の数だけ連想アイデアを出すのが可能となり、確実に連想アイデアを出すことができる

「切り口」グループ（1）「表現手段グループ」で考えてみる

「切り口」のグループの一つに、「表現手段グループ」というものがあります。「擬人化」「組み合わせの妙」「意外性」「リアリティ」「非日常」「反対」などですが、すべてが「置き換え表現（比喩表現）」です。各々の手段の詳しい内容は、左ページを参照してください。それらの表現切り口を使って、自分が「置き換え」をしたい内容を、たとえば「水に浮く簡易防水の携帯電話」として考えてみましょう。

「擬人化」↓携帯電話をアメンボに擬人化して表現できないか？

「組み合わせの妙」↓池で沈みそうで沈まない、蓮（ハス）の葉の上に携帯電話を立てて、表現できないか？

「意外性」↓池に浮いている開いた携帯電話の上で、カエルが寝そべっている表現はどうだろう？

「リアリティ」↓トイレに落としたシーンでビジュアルを作れないかな？

このように、一つ一つの「切り口」に対して案を連想して考えていきます。こうした連想を速やかに行うためには、単純な表現技法を辞書的に理解しているのではなく、日頃から世の中のクリエイティブを「クリエイターの視点」で観察して、「生きて成長する記憶」として身につけているかが、重要な鍵となります。

「表現手段グループ」

擬人化	比喩の一種。物や動物など人以外のものを人にたとえ、人間的な性質・特徴・感情を与える表現
組み合わせの妙	組み合わせることで、印象を深くする表現
意外性	関係性の薄い or ない、人・物・事柄を使っての表現
リアリティ	現実にありうることで共感を狙った表現
非日常	日常的なことでなく、非日常的なアプローチによる表現
反対	意図とは反対のことからアプローチした表現

「切り口連想置き換え法」

「切り口」グループ（2） 「共通教養グループ」で考えてみる

「共通教養グループ」には、左ページに掲載したようなものがあります。小学校・中学校・高校等で習って憶えている「知識の記憶」です。前段で紹介したように、この単語による連想の成果は、小学校・中学校・高校等で同様の教育を受けた人による、同様の教育を受けた人向けの表現となりますので、コミュニケーションが安易かつ、しっかりとできる可能性が高いものとなります。左記のミステリー文庫の広告は、円周率のネタからの表現ですから、このカテゴリーから開発できるビジュアルと言って良いでしょう。

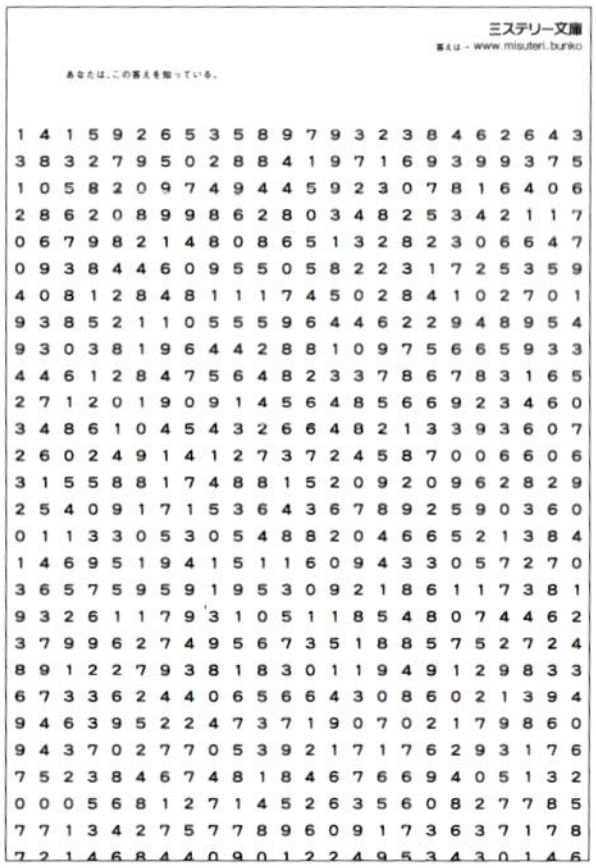

「数学」を切り口にした例

数学

現代国語

美術

地理

etc.

「共通教養グループ」

国語	世界史
算数	日本史
理科	生物
社会	化学
体育	物理
図工	英会話
家庭	古典
道徳	音楽

「切り口連想置き換え法」

「切り口」グループ(3)　「自分の切り口グループ」で考えてみる

この「切り口は」、自分の人生の中で身につけた切り口を増やしていき、表現アイデアを探っていくものです。このカテゴリーが多ければ多いほど、アイデアの数が増えていきます。日頃から、世の中のクリエイティブを「クリエイターの視点」で観察し、「生きて成長する記憶」として身につけて、それが切り口としてのアイデアソースとなっているかが重要なポイントとなります。このグループからの連想は、「共通教養グループ」からの連想と違って、オリジナリティの強い案を見つけられる可能性が高いと言えるでしょう。

伝説・神話

ファッションブランド

民芸品

名所旧跡

農業

月刊誌

旅行

etc.

「自分の切り口グループ}

トレンド（政治）	音楽
トレンド（経済）	映画
トレンド（スポーツ）	小説
トレンド（ファッション）	絵画
トレンド（芸能）	バラエティ番組
大学の専攻科目	テレビドラマ
動物	タレント
植物	ペット

「切り口連想置き換え法」水平連想→2つの「切り口連想置き換え法」→「誇張表現」

連想をするときに気をつけたほうが良いのは、「垂直連想」に行き過ぎないことでしょう。垂直連想は、言いたいことから離れすぎる傾向にあります。切り口に対して「水平連想」で踏ん張って考えてください。また、左ページにあるように、最初は3ステップで考えて、慣れてきたら2ステップで考えると良いと思います。表現アイデアが見えてきたら、その表現の「誇張表現」に発展させると、よりインパクトのある表現になるはずです。

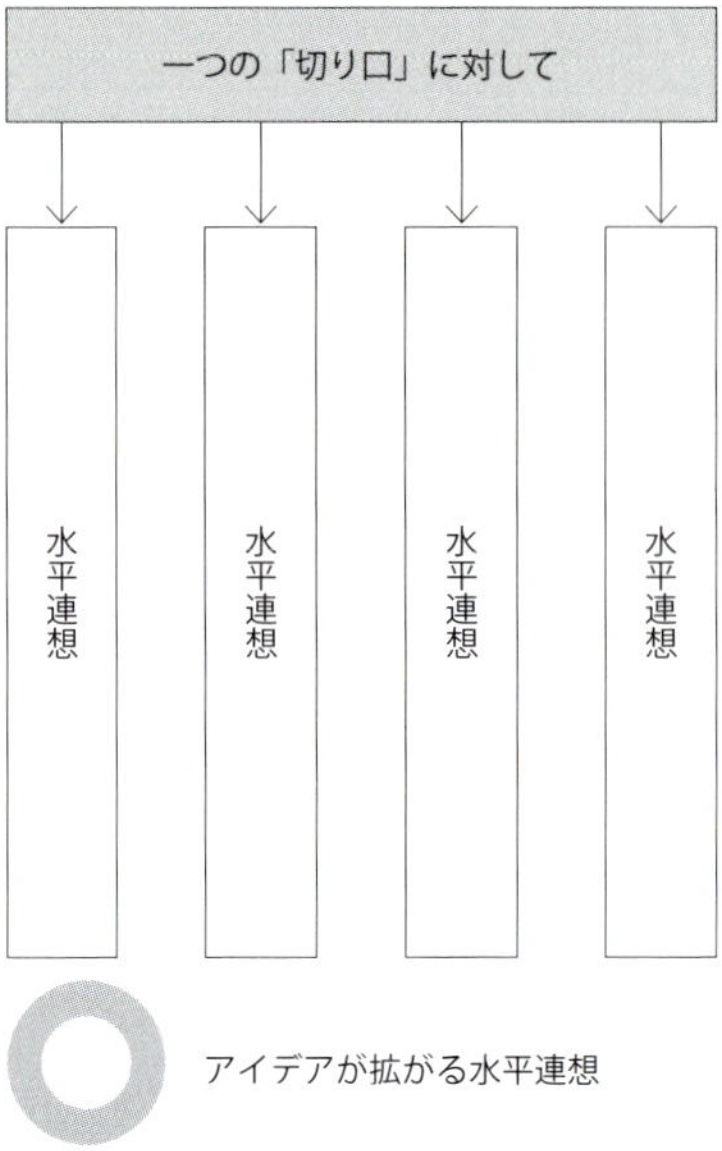

アイデアが拡がる水平連想

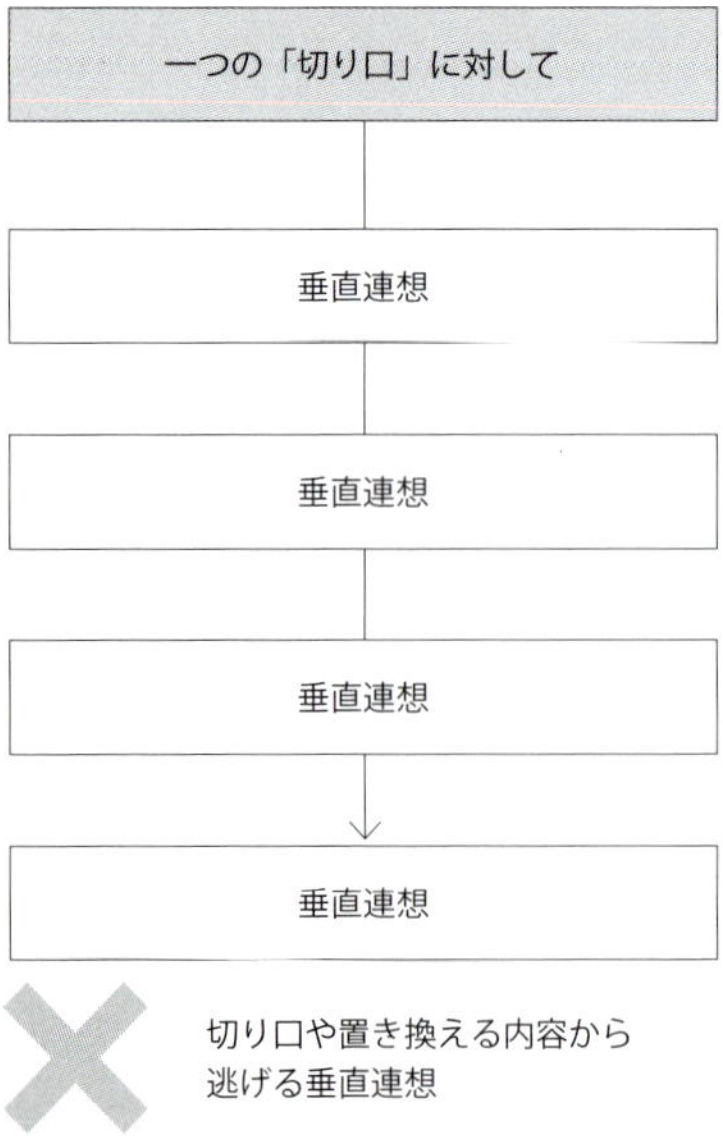

切り口や置き換える内容から
逃げる垂直連想

初めは

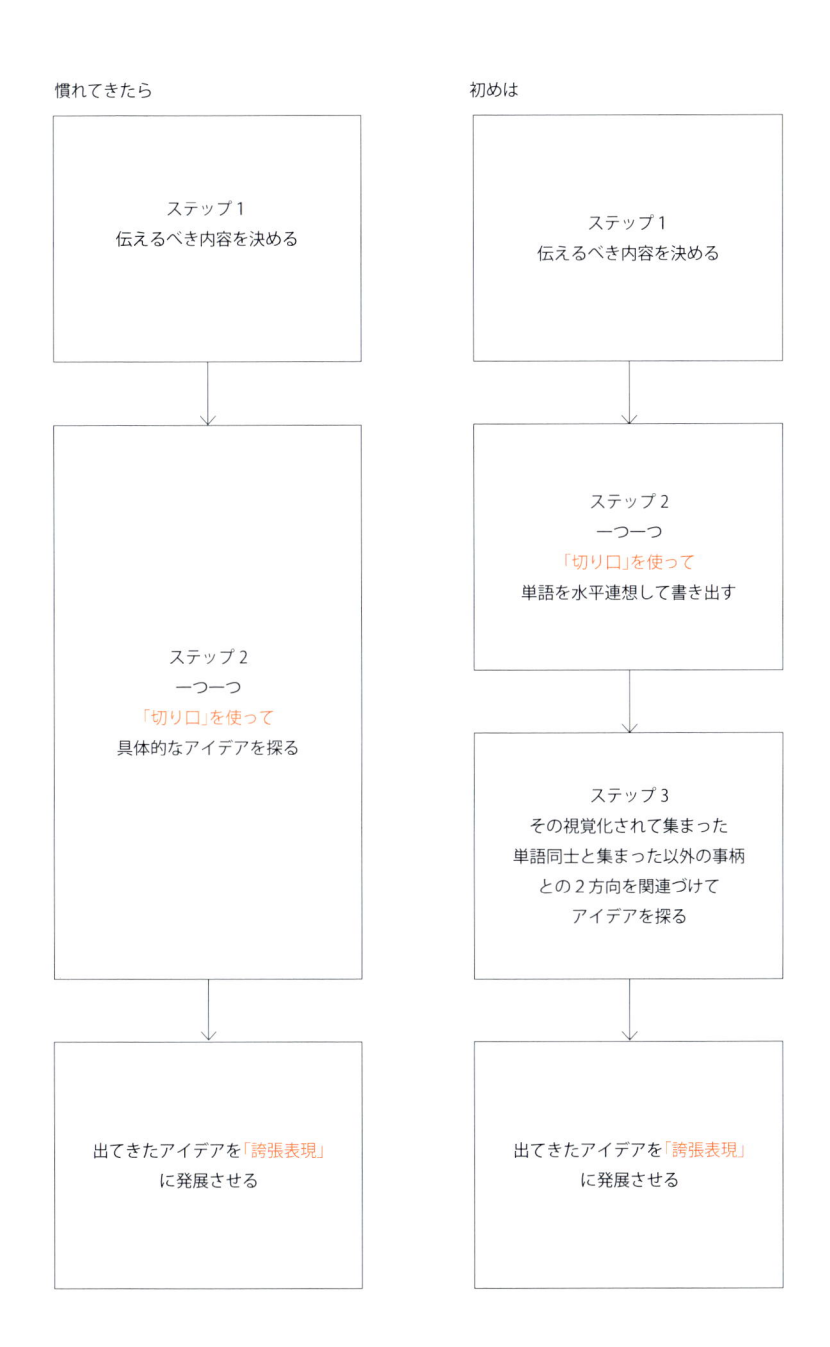

ステップ1
伝えるべき内容を決める

↓

ステップ2
一つ一つ
「切り口」を使って
単語を水平連想して書き出す

↓

ステップ3
その視覚化されて集まった
単語同士と集まった以外の事柄
との2方向を関連づけて
アイデアを探る

↓

出てきたアイデアを「誇張表現」
に発展させる

慣れてきたら

ステップ1
伝えるべき内容を決める

↓

ステップ2
一つ一つ
「切り口」を使って
具体的なアイデアを探る

↓

出てきたアイデアを「誇張表現」
に発展させる

「切り口連想置き換え法」開発されたビジュアル例

伝えるべき内容：
エネルギー摂取制限や
エネルギーの消費を負荷しなくても、
動かず飲むだけでダイエットできる飲料

Smart

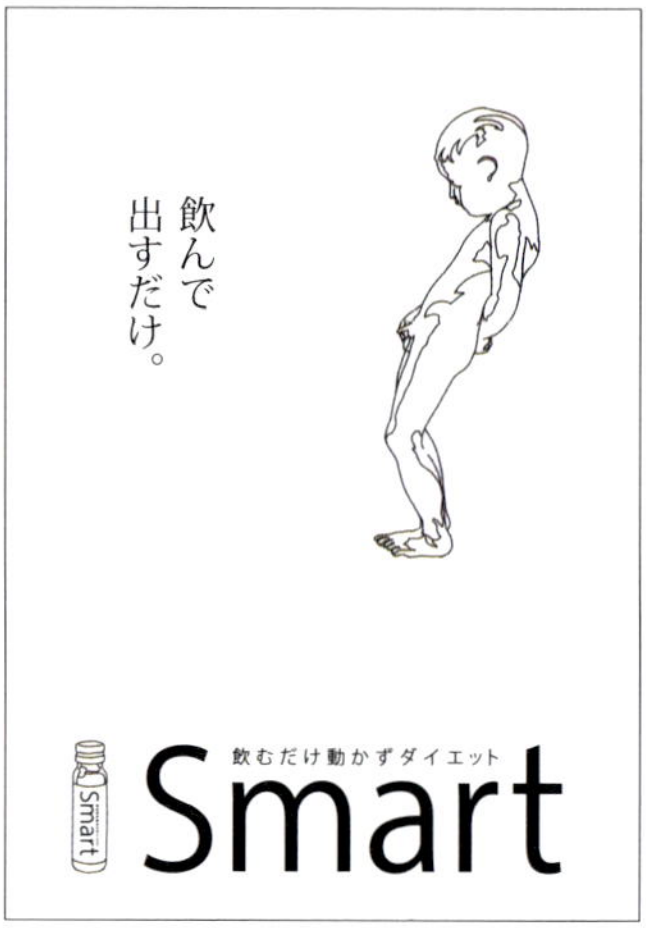
飲んで
出すだけ。
飲むだけ動かずダイエット
Smart

学性作品（ビジュアル）2
切り口：名所旧跡
アイデア：動かない小便小僧を使って、「飲むだけ動かず」「飲んで出すだけ」を表現

こんなわたしでもだいじょうぶです。
飲むだけ動かずダイエット
Smart

学性作品（ビジュアル）1
切り口：美術 or 絵画
アイデア：絵画故に動けない、美の象徴の「モナリザ」を太らせて表現

くう、ねる、のむ、
飲むだけ動かずダイエット
Smart

学性作品（ビジュアル）3
切り口：動物 or 理科 or 生物
アイデア：スマートの究極の逆説であるナマケモノと、大胆なレイアウトで表現

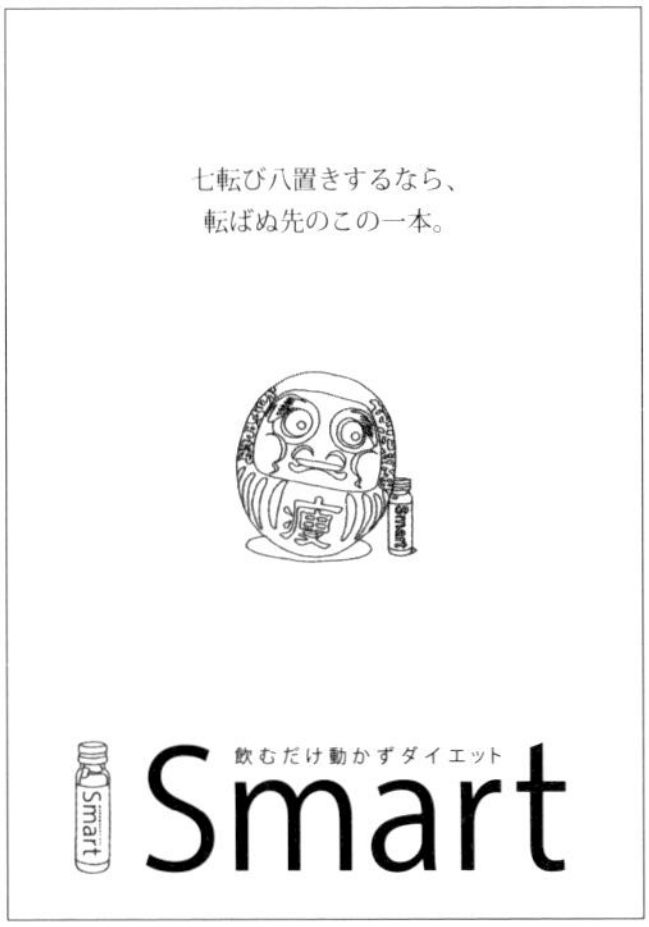

学性作品（ビジュアル） 6
切り口：ことわざ or 民芸品
アイデア：太った人の象徴であるダルマに置き換え、ことわざにからめて表現

学性作品（ビジュアル） 4
切り口：理科 or 農業
アイデア：動けない体や太い体を二股（変形）大根に置き換えて表現

学性作品（ビジュアル） 7
切り口：地理 or 名所旧跡
アイデア：動かないことや痩せていることの象徴であるモアイ像に置き換えての表現

学性作品（ビジュアル） 5
切り口：リアリティ
アイデア：太った人の靴ひもを結ぶときの心のインサイトを、その場面を使って表現

［ミニ・トピック］「切り口単語帳」を作ろう！

「切り口」は多ければ多いほど、アイデアを出すことができます。しかし、そのたくさん「切り口」を記憶することは容易ではありません。また、「切り口」を頭の中で考えて、同時にアイデアを探っていく作業も容易ではありません。なぜなら、「切り口」を思い出すことに脳が使われてしまい、肝心の連想に集中できなくなるからです。「切り口」を思い出しながら考えるのは、慣れるまではやめた方が良いでしょう。そこで「切り口単語帳」を作ることをお薦めします。中学校などの英語の単語を憶えるのに使う、よくあるカードタイプの市販の単語帳を使いましょう。それの１ページ ごとに「切り口」を書き込むと良いでしょう。「切り口」を視覚化して、ビジュアルを作るときに、それを１ページずつめくって連想すると、効率良く連想を進めることができます。

クリエイティブ・アイデアのヒミツとヒケツ：ビジュアル編　まとめ

- 「置き換え表現」と「誇張表現」は、ビジュアル表現開発の鍵
- 「切り口連想置き換え法」　「直接連想」でなく「切り口」を使ってのステップ連想がコツ
- 「切り口連想置き換え法」　「切り口」グループ（１）　「表現手段グループ」で考えてみる
- 「切り口連想置き換え法」　「切り口」グループ（２）　「共通教養グループ」で考えてみる
- 「切り口連想置き換え法」　「切り口」グループ（３）　「自分の切り口グループ」で考えてみる
- 「切り口連想置き換え法」　水平連想↓２つの「切り口連想置き換え法」↓「誇張表現」

クリエイティブ・アイデアのヒミツとヒケツ：デザイン編

「ビジュアル開発」と「デザイン開発」の違い

ここでは、広告の「ビジュアル開発」と、ロゴやパッケージやレイアウトの「デザイン開発」を解説します。というのも、「ビジュアル」と「デザイン」では開発のコツが違うからです。「ビジュアル開発」は「意味の記憶」中心の置き換えですが、「デザイン開発」は「意味の記憶」はもちろん、視覚、聴覚、触覚、味覚、嗅覚などの五感で過去に感じた抽象な記憶を視覚的に置き換えしなければなりません。たとえば、ポップなロゴを作るとします。作品がポップに感じてもらえるようなデザインとは、制作者自身がポップに感じる過去の抽象的な感覚記憶と、その作品を見る側のポップに感じる過去の抽象的な感覚記憶の接点で探っていく必要があります。また、このようなデザインを制作する場合、そのテーマ自体が抽象的である場合がほとんどと言って良いでしょう。そうした観点からも、「デザイン開発」のコツは「ビジュアル開発」と当然違っているのは当たり前と言えます。「ビジュアル開発」では、「水平連想」で頑張ろうとアドバイスしました。「デザイン開発」においては、「意味の記憶」＝「意味のデザイン」＝「説明的なデザイン」から離れるために、あえて「垂直連想」を行う場合もある点も「ビジュアル開発」と大きな違いがあるといって良いでしょう。

「ビジュアル開発」と「デザイン開発」の違い

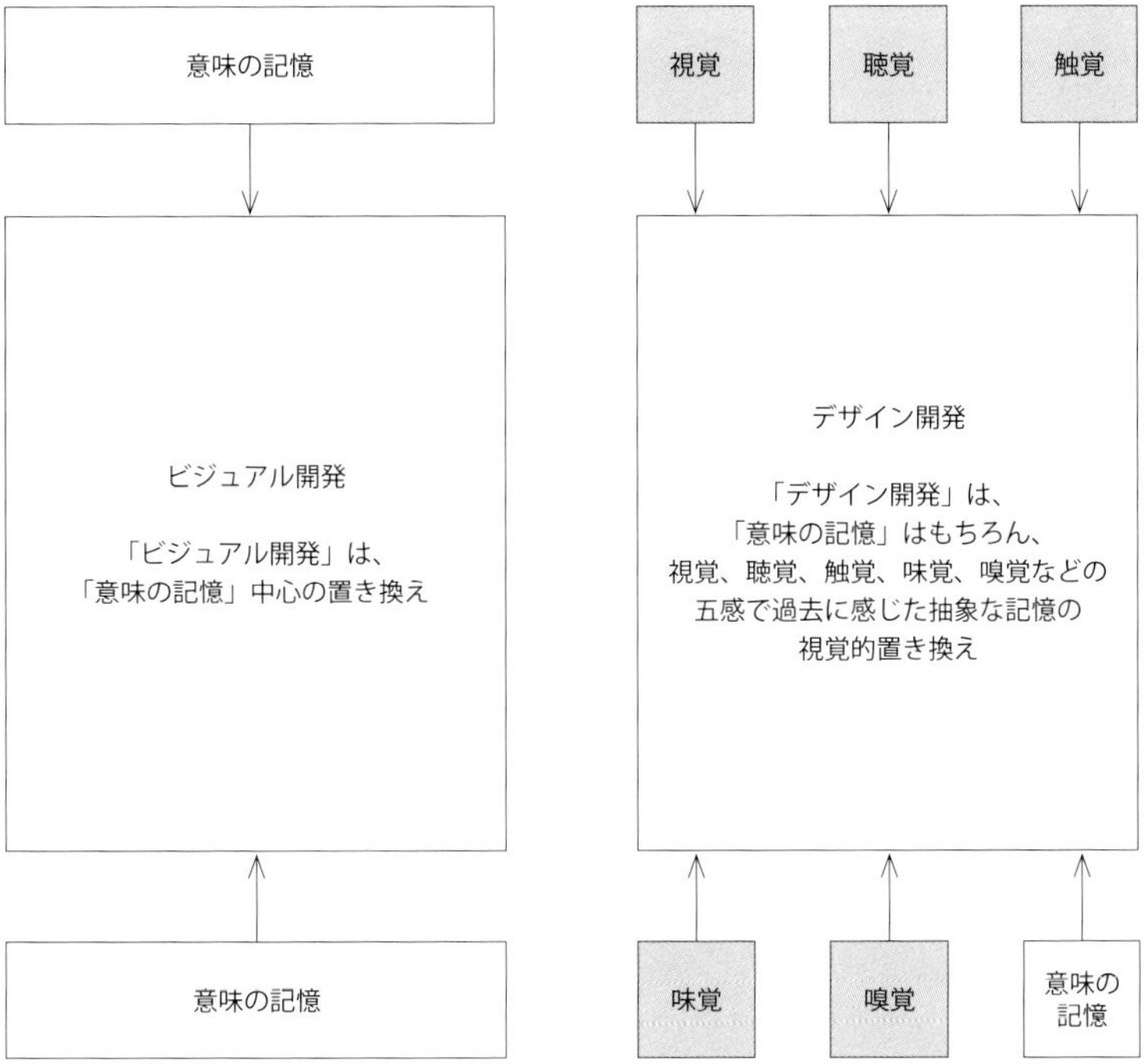

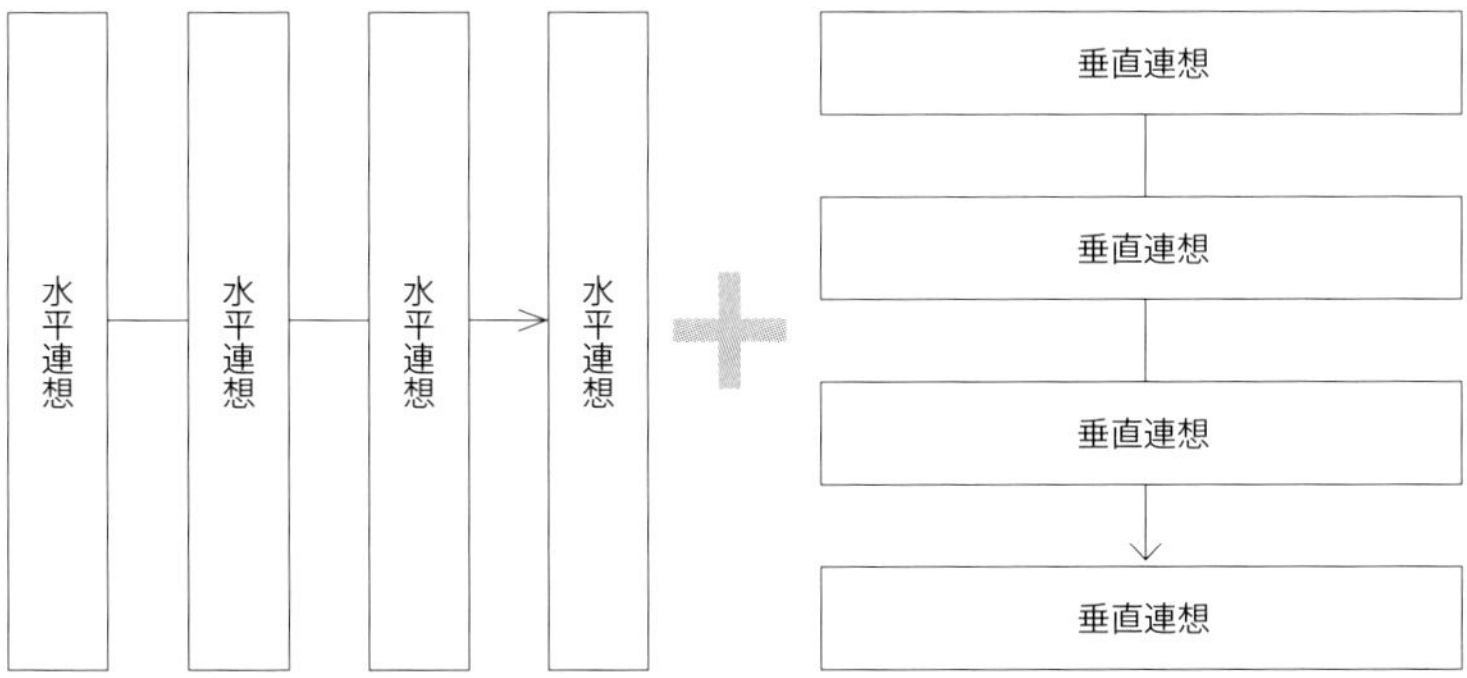

「ビジュアル開発」と言えば、水平連想

「デザイン開発」は、アイデアを飛躍させるために、水平＋垂直連想

デザインパーソナリティ

身の回りのロゴデザインやレイアウトをよく見てイマジネーションを拡げると、男性的だったり、落ち着いたデザインであったり、若々しいデザインであったり、インテリジェンスがあったり、ロックなイメージだったり、神経質だったりとそれぞれのデザインが、その形と色などでパーソナリティを主張していると思います。この方法は、表現したいものを擬人化して発想の出発点を具体的に置き換え、デザインの成果へと導く方法です。往々にしてデザインの場合は、イマジネーションの拡げ方によっては取りまとめが困難なことがあります。この方法は、ロゴやパッケージやレイアウトの「デザイン開発」にかなり有効です。キャラクター開発におけるパーソナリティの設定による開発と同じように、まずデザインしたい方向を人物像として国籍、年齢、職業、性別、学歴、趣味、性格などに一度置き換えて設定します。そこからイマジネーションを拡げてデザインを探っていきます。この方法をうまく修得するためには、日頃から、身の回りにあるデザインに「クリエイターの視点」で接して、それにパーソナリティを付ける習慣をつけましょう。そしてそのパーソナリティを具体化している技術的なヒミツを探って「生きて成長する記憶」として持つことがコツです。

デザインパーソナリティの進め方

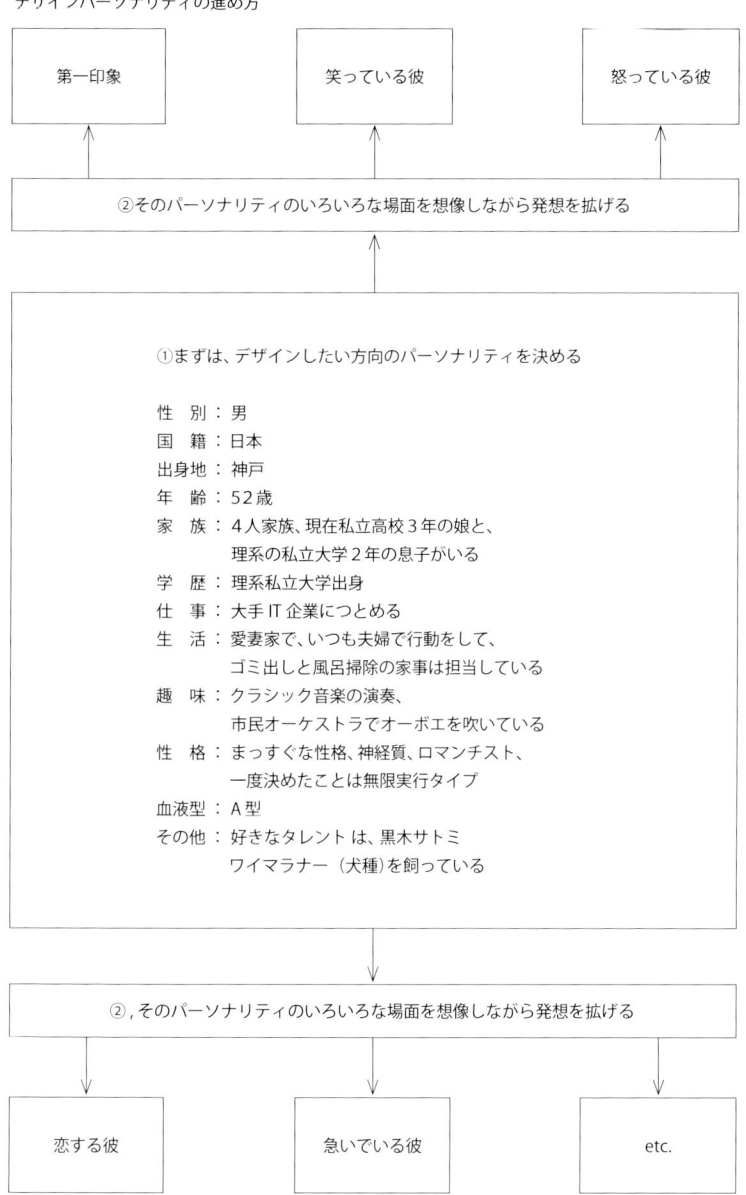

第一印象

笑っている彼

怒っている彼

②そのパーソナリティのいろいろな場面を想像しながら発想を拡げる

①まずは、デザインしたい方向のパーソナリティを決める

性　別：男
国　籍：日本
出身地：神戸
年　齢：52歳
家　族：4人家族、現在私立高校3年の娘と、
理系の私立大学2年の息子がいる
学　歴：理系私立大学出身
仕　事：大手IT企業につとめる
生　活：愛妻家で、いつも夫婦で行動をして、
ゴミ出しと風呂掃除の家事は担当している
趣　味：クラシック音楽の演奏、
市民オーケストラでオーボエを吹いている
性　格：まっすぐな性格、神経質、ロマンチスト、
一度決めたことは無限実行タイプ
血液型：A型
その他：好きなタレントは、黒木サトミ
ワイマラナー（犬種）を飼っている

②,そのパーソナリティのいろいろな場面を想像しながら発想を拡げる

恋する彼

急いでいる彼

etc.

ワードインプレッション

言葉から、デザインをイマジネーションしてまとめていく方法です。この方法は自分の作りたいデザインの方向を、自由なワードに置き換えてイメージをまとめていきます。ロゴタイプやロゴマークを論理的に開発するときに有効です。この章の初めに、「水平連想」と「垂直連想」について触れました。「ワードインプレッション」は、いくつかの「ワード」を「水平連想」で考えたら、そこから「垂直連想」にイメージを拡げていく方法です。「垂直連想」で浮かんだワードをいくつかアットランダムに選んで、A４サイズ程度の紙の真ん中にスペースを空け、その周囲に黒いサインペンで６個ほど書き込みます。同様に、ワードをいくつか変えて別のシートを作ります。いろいろな組み合わせのシートをたくさん作りましょう。「拡散思考」で出てきたワードを見ながら、今度は集中してイマジネーションを導いてデザインをまとめましょう。注意点として、薄い鉛筆は脳を刺激しないので、視覚に認識できる太いペンを使ってください。１枚のシートにたくさんのワードを書くとまとめにくくなるので、単語は６個を基準にしてください。また、「連想ワード」は並列にイメージすると脳が集中しにくくなるので、優先順位を２段階くらいつけて考えるとまとめやすくなります。

ワードインプレションの進め方

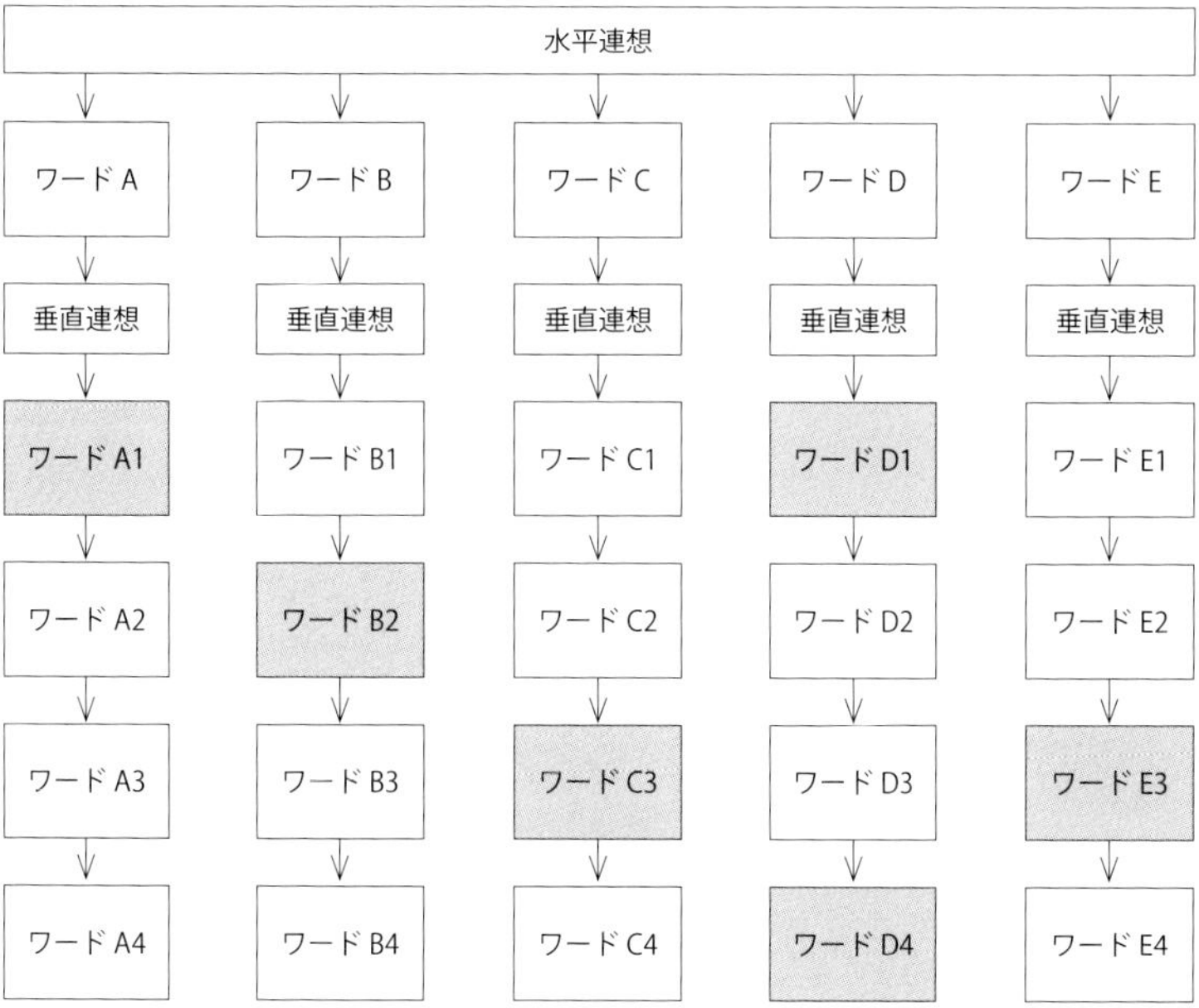

上で選んだワードを A4 の紙に輪にして書き込んで、その中心をイメージしてデザインを考える

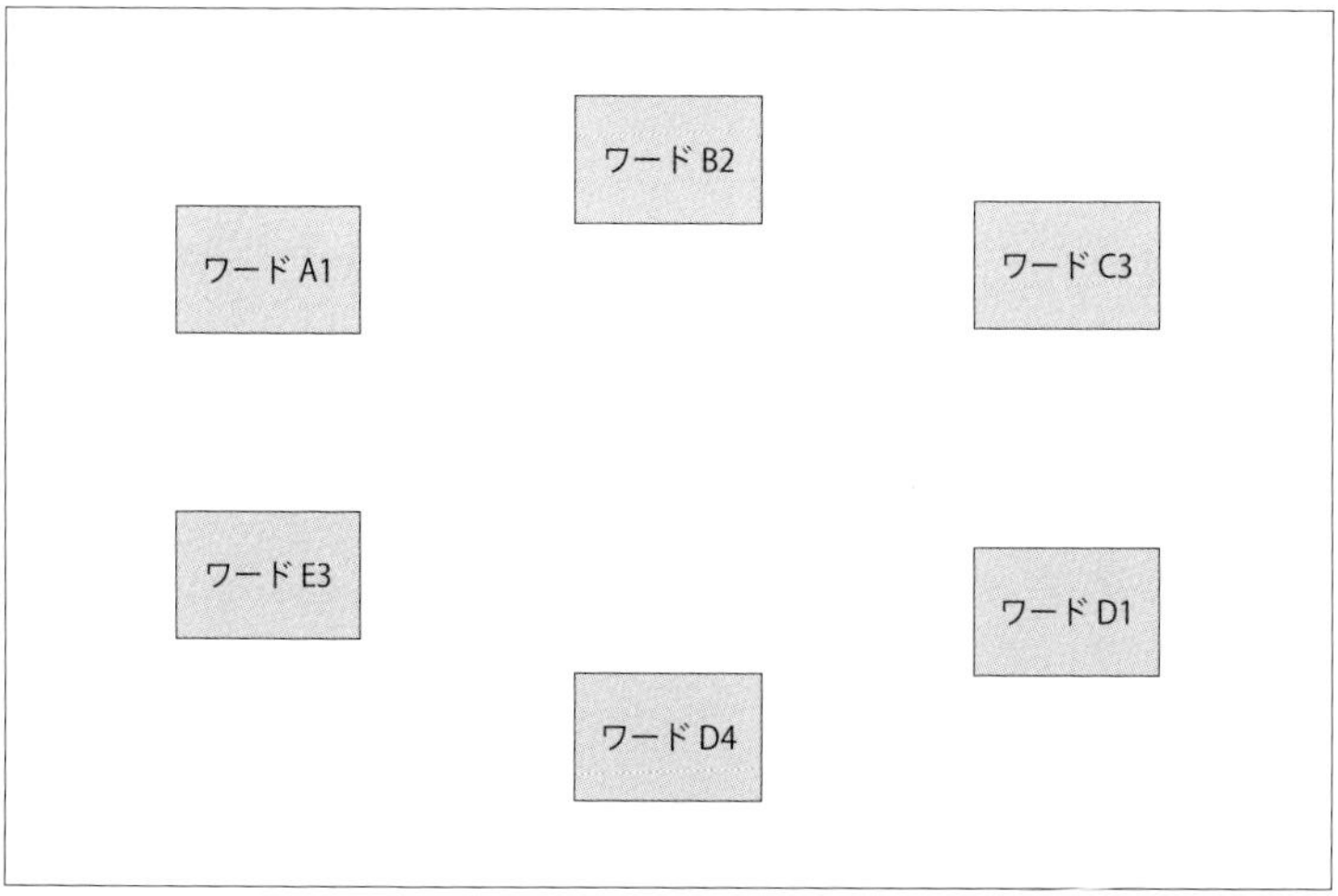

イメージスクラップ

自分が表現したい方向の具体的なデザインを起こす前に、そのイメージを表現する写真やイラストレーションなどの材料を集めてから作業に入る方法です。すぐデザイン作業に入ると、どうしても過去に蓄えた自分だけのノウハウで作ってしまいがちです。それを避けるために有効な方法です。また自分が表現したいデザインをより明確にイメージするのにも効果的な開発方法と言えます。集めてきた素材を、壁にテープでどんどん貼ってイメージを拡げたり、大きなテーブルがあったらそこに並べると良いでしょう。注意したいのは、手元においてパラパラと見ないこと。並べて全体を眺めたり、部分的に眺めたりすることによって脳が刺激されて効果的にイメージを拡げたり、デザインの方向を明確にすることができます。最近では、インターネットの画像検索や、写真の販売サイトのイメージ検索でそれに近いことができますが、それで終わるのではなく、あくまで素材を集める手段として使いましょう。また、自分の書いたキーワードや言葉も同時にシートに書いて素材として使ってください。写真やイラストレーションに混ぜて自分の書いたキーワードや言葉を入れることは、イメージスクラップを成功に導くコツでもあります。

イメージスクラップの進め方

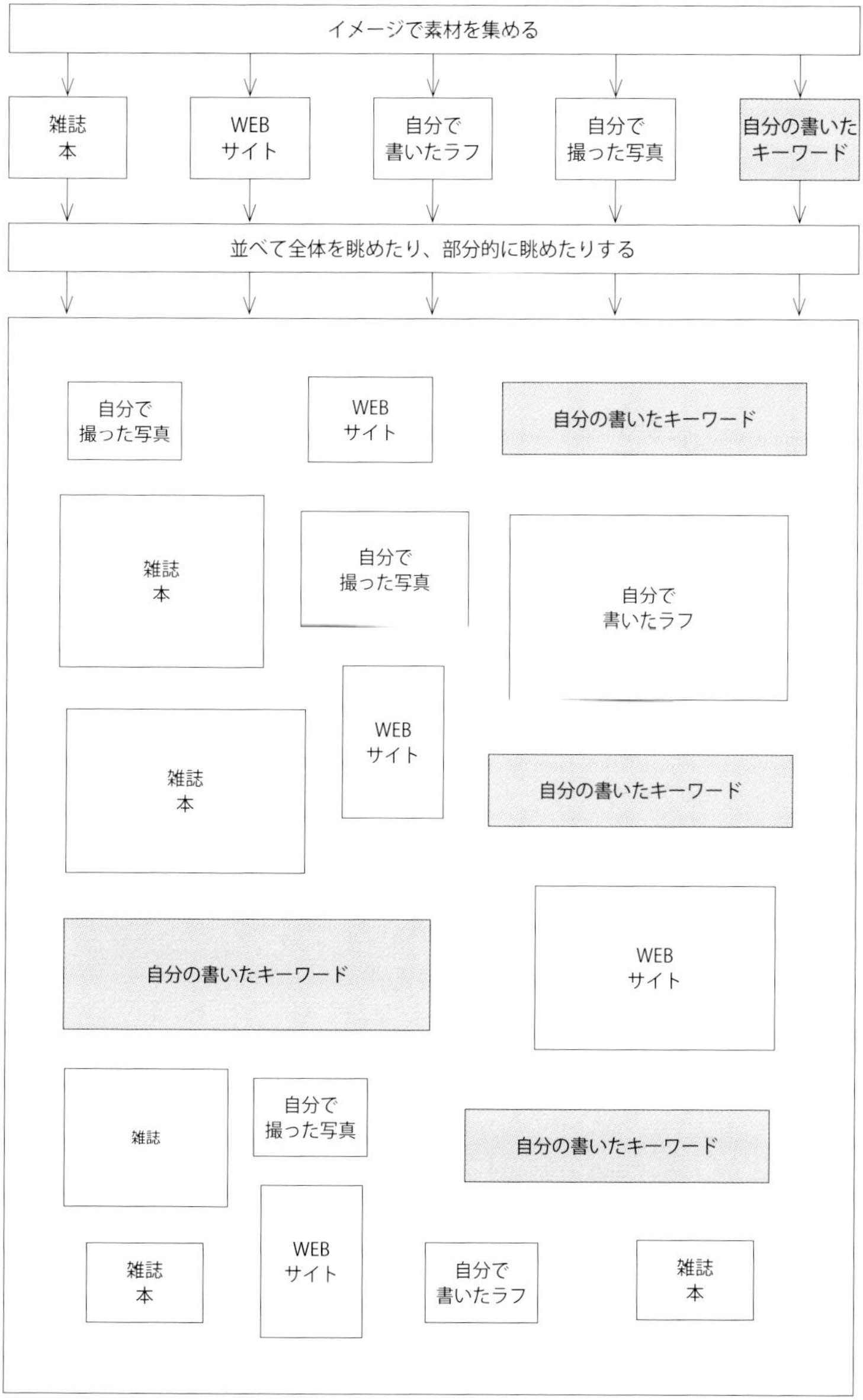

カラーイマジネーション

色には、イマジネーションを刺激して発想の幅を拡げてくれる効果が期待できます。まず、表現したい方向性を表す単語をいくつか決めましょう。それらの単語を組み合わせ、自分のイメージの色に置き換えてみましょう。そのようにして置き換えた色のシートを作ります。そのシートは、B5以上のある程度大きいサイズにしてください。小さいシートではイマジネーションの刺激にならず、あまり効果が発揮されないので注意しましょう。シートを注視して、頭の中に浮かんでくるイメージを形にしてください。この方法は、言葉を一度色に置き換えて、それから形に置き換えるので、直接的に発想したアイデアに比べ表現の幅を拡げてくれる効果が期待できます。また、イメージする色が複数になった場合も1色に絞って発想した方が、イマジネーションを拡げる効果を発揮します。なぜなら、たとえば■と■と□の3色を選んだ場合、注視してイマジネーションを拡げる以前にイタリアの国旗の色であることが、集中の妨げになるからです。具体的な国旗の色の組み合わせでなかったとしても、1点に集中しないと発想を拡げにくくなるので1色に置き換えて発想に取り組んでください。

イメージする単語を複数決める、イメージする色を選ぶ

例：情熱的・明るい・気まぐれ・わがまま

↓

↓

イメージを形に置き換える

エブリシングトライ

デザインの場合、意味が離れているものを「切り口」に活用すると、面白い表現ができることが多々あります。しかし、意味が離れている関連性のないものを思い浮かべるのは容易なことではありません。意味が離れているものを思い浮かべられないなら、目の前にある物や状態を「切り口」として活用するというのがこの方法です。たとえば、自分の部屋でデザインしていたとします。その部屋には当然カーテンがあったり、趣味の楽器があったり、コーヒーカップもあったりします。視覚で見えることはもちろん、聴覚、触覚、味覚、嗅覚などの五感で感じたそれらを手当り次第に「切り口」にして、現在表現しようとしている方向性と関連させて連想を進めます。あまり意味を考えず、「ギターのデザインのカーブと掛け合わせたら」「カーテンの模様と掛け合わせたら」「コーヒーの香りと掛け合わせたら」、どんなデザインになるかなという感じで進めてください。また、スケッチブックを持って外に出るのもお勧めです。五感のいずれかで感じたら、手当たり次第に連想の「切り口」として活用します。この方法でなら、意味が離れている関連性の薄いユニークな表現の開発が可能です。とにかく「切り口」を選ばず、手当たり次第に強引に進めるのがコツです。

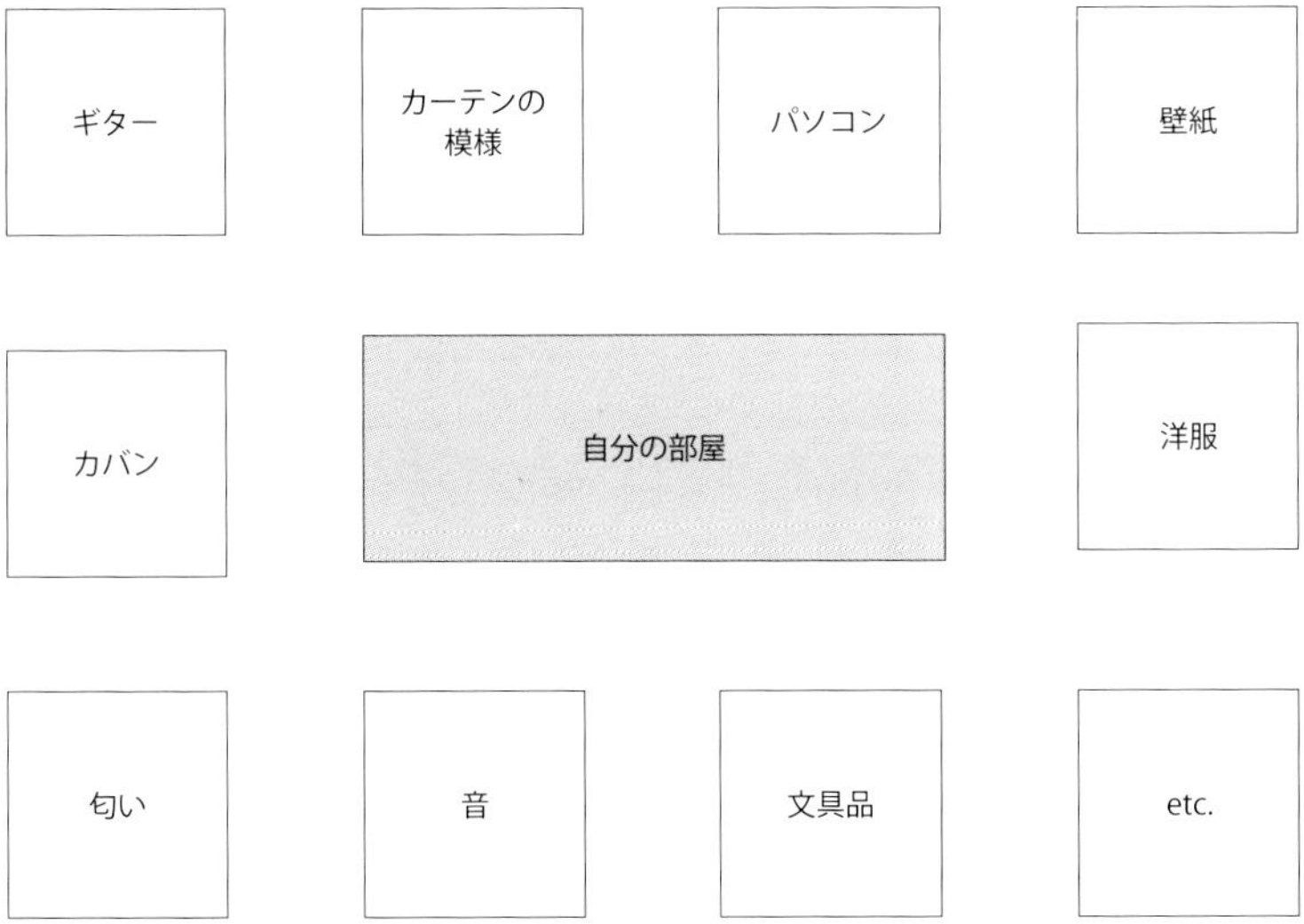

五感に感じる、あらゆる物や事などを利用して強引にイマジネーションを拡げる

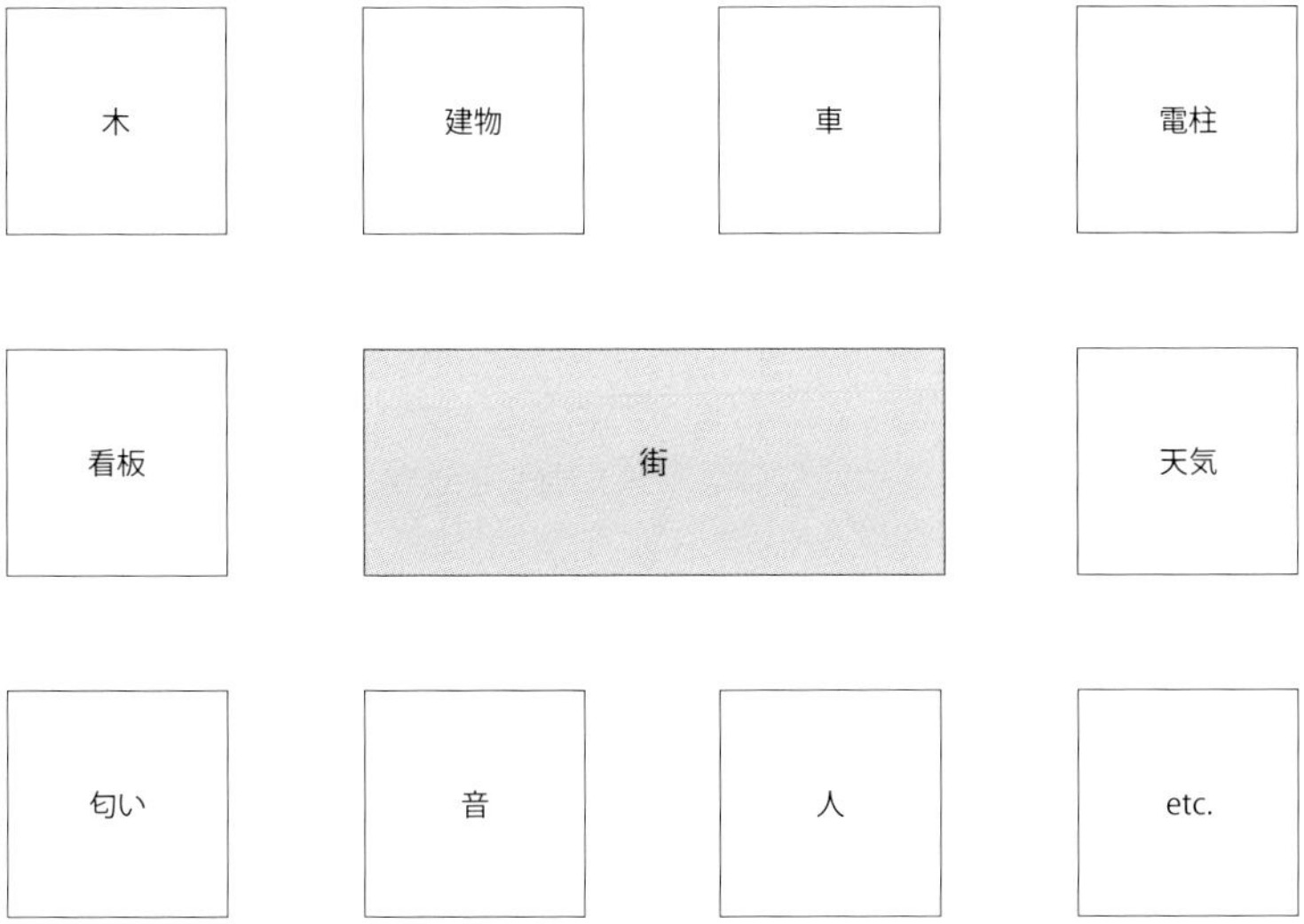

表現技法の切り口（ロゴ）

「表現技法」のいろいろな技を逆切り口として使う方法です。通常は、「表現技法」を複数使っての開発となるケースが多いと思います。一つ一つの「表現技法」、たとえば「集合」にもさまざまなバリエーションがあります。そうしたバリエーションは、基礎編で説明したように、多様なロゴデザインを「クリエイターの視点」で「ここの表現がうまいな」などと分析して、日頃から身につけるようにしないと、いざ「集合」といってもその方法やバリエーションが浮かばなくて苦労することになります。

Personal Communication Creators
のロゴマーク試作図案による展開例

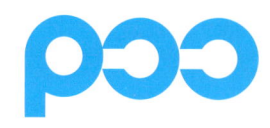

「意味の置き換え」+「鏡像」で開発。「意味の置き換え」は、コミュニケーションの「C」とクリエイターズの「C」がパーソナル「P」に向いていることで表現されてます。

「意味の置き換え」+「IN&OUT」で開発。「意味の置き換え」は、コミュニケーションのターゲットのイメージを「的」に置き換えて表現されています。

「集合」+「重複」+「鏡像」+「意味の置き換え」で開発。「意味の置き換え」は、「P」「C」「C」が、集まっていることで、コミュニケーションを表現しています。

漢字を動物の形に「意味の置き換え」をした例

「表現技法の置き換え例」

集合	意味の置き換え
分割	交差
分散	省略
メリハリ	変形
回転	IN&OUT
鏡像	連結
重複	整列
フリーハンド	etc.

表現技法の切り口（レイアウト）

レイアウトにも、いろいろな「表現技法の切り口」があります。その「切り口を」使ってレイアウトのアイデアを探っていきましょう。左に紹介した「切り口」は、その代表的なものにすぎません。そしてその「切り口」に対してのレイアウトバリエーションもたくさんあります。こちらも、普段から「クリエイターの視点」でカタログ・新聞・雑誌のレイアウトを自分から研究して、「切り口」やバリエーションの発想の引き出しを数多く持ちましょう。特に雑誌は、「切り口」のネタの宝庫なので積極的に研究しましょう。

「表現技法の置き換え例」

- 水平
- 垂直
- 水平垂直
- 斜行
- 曲行
- 集合
- 拡散
- etc.

レイアウトで展開した例

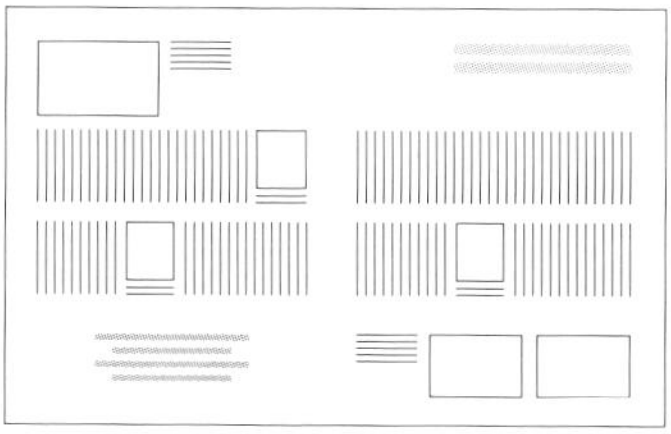

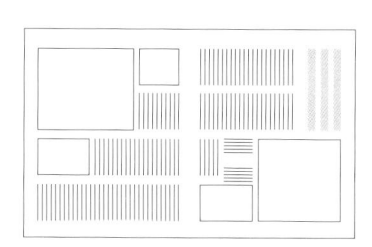

水平

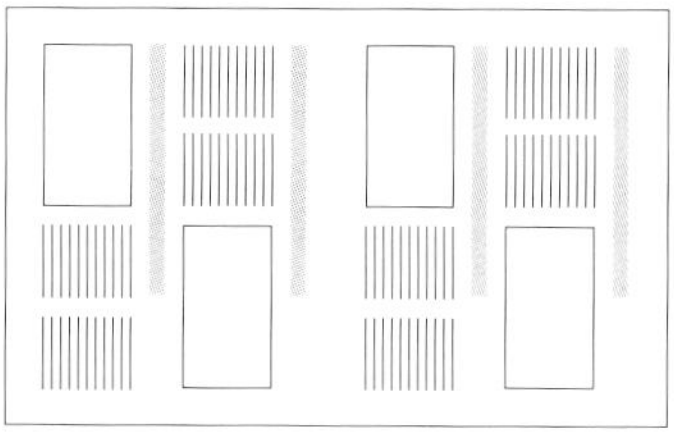

垂直

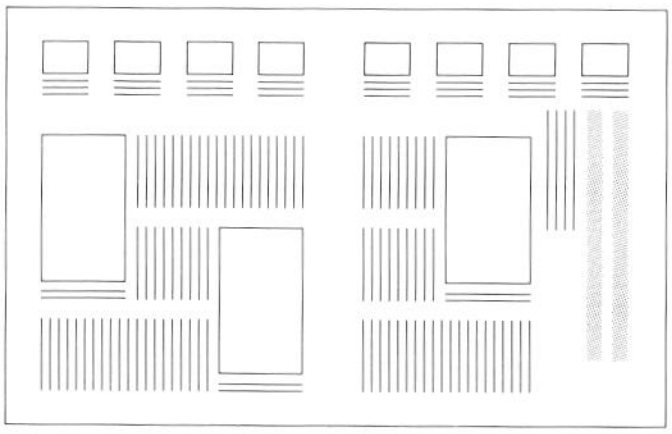

水平垂直

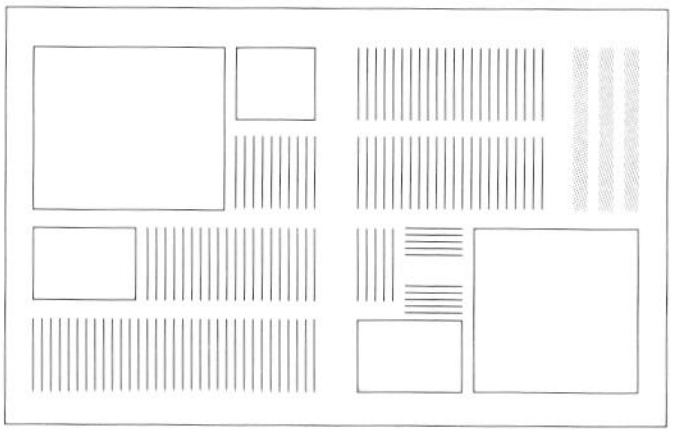

斜行（段組み）

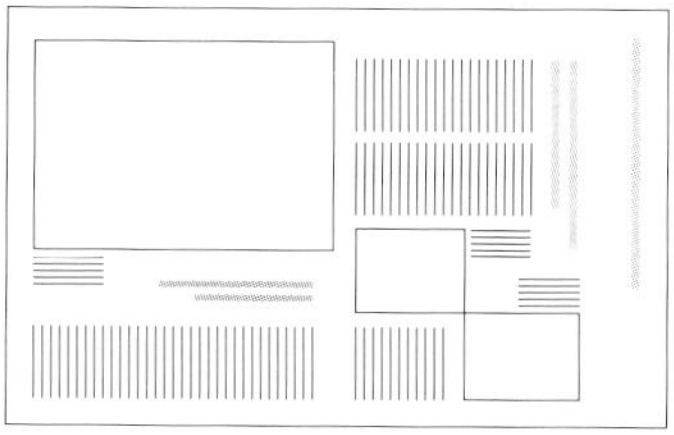

斜行（写真）

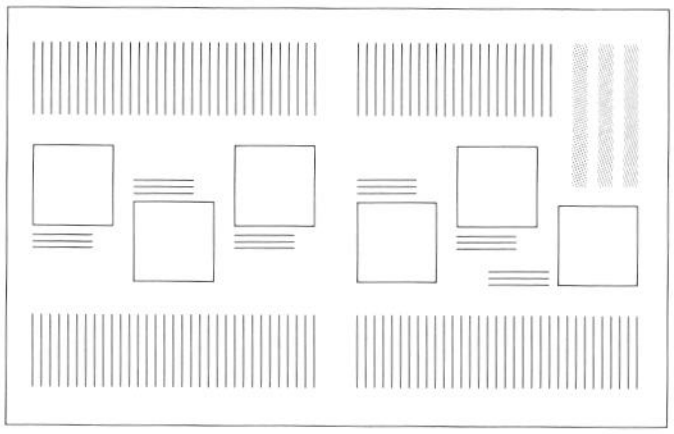

曲行（写真）

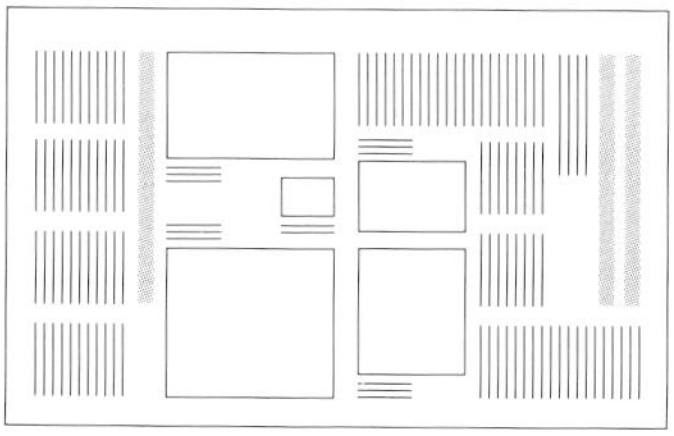

集合

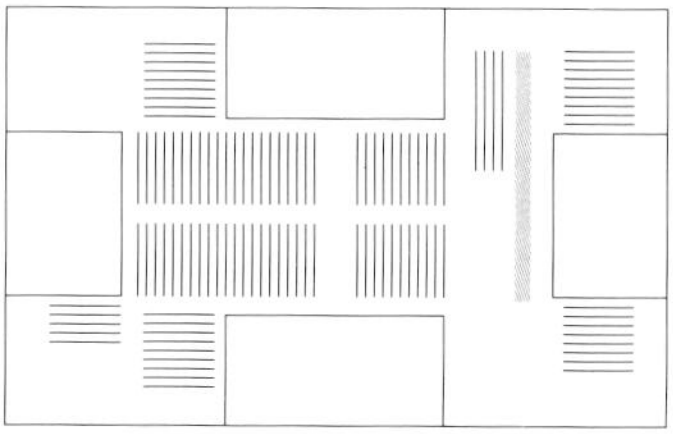

拡散（写真）

クリエイティブ・アイデアのヒミツとヒケツ

発行日	2012年11月21日
発行人	藤井一比古
発行所	株式会社 六耀社
	〒160-0022 東京都新宿区新宿2-19-12 静銀ビル
	TEL 03-3354-4020(代) FAX 03-3352-3106
	振替 00120-5-58856
	http://www.rikuyosha.co.jp/
編集・執筆	佐藤良仁　鎌倉生光
編集協力	鈴木 淳（株式会社ベルズ）
	大阪コミュニケーションアート専門学校　グラフィックデザイン専攻
	藤戸裕子
	日本電子専門学校　グラフィックデザイン科
	永良 凌　勝目望海　李ボラム　儀満翔大　小川健太　来栖直樹　菅野あやめ
装丁・本文デザイン	佐藤良仁
イラスト	本田 淳
印刷・製本	シナノ書籍印刷株式会社

ISBN978-4-89737-721-6

Printed in Japan

参考文献

「アイデアのヒント」 ジャック フォスター 著　阪急コミュニケーションズ

「身近なレトリックの世界を探る」 金田一真澄 著　慶應義塾大学教養研究センター選書

「一行力」 岩永嘉弘 著　草思社

「コピーライターの発想」 土屋耕一 著　講談社現代新書